＃仕事もプライベートも
あきらめない！

女性教師の「働き方」

松井恵子 著

明治図書

はじめに

　この本は，若い先生方に送る"あなたらしい教師人生を拓く鍵"です。

　あなたは，どんな教師になりたいですか？
　楽しいクラスをつくり，子どもたちが充実できる授業をつくり，保護者や同僚とも和やかに人間関係をつくることのできる教師……。素敵ですね。

　あなたは，これからどんな人生を送りたいですか？
　恋愛もしたい，結婚して我が子に恵まれ，あたたかい家庭を築きたい。自分一人の時間を大切にしたい……。いろいろなプライベートがありますが，どれも自分の心を満たすものにしたいと思うはずです。

　だからこそ，悩みます。それは男女問わず同じものです。ですが，私自身，女性として出産を経験し，数年間のお休みをいただきながらも，学級担任，研究主任を務めてきました。その中で，泣いたこともあるし，育児休暇を3年間とれるようになった初期の世代ですので，不安や批判もありました。しかし，何もあきらめず，何からも逃げない生き方が私の幸せだと，十数年かけて確信できるようになりました。
　そんな中，団塊の世代が引退の時期になり，次々に若い先生方が学校現場に配属されるようになりました。授業がうまくいかないと落ち込む先生，保護者に批判を受けたと涙する先生，大御所の先生たちとの関係に悩む先生……。そんな後輩を見るたびに，その先生のよさを感じます。なぜなら，悩むということは，自分に向き合っているということだからです。そして，何とかしようと一生懸命な心の表れなのです。だからこそ，私が守ってあげたいと思うようになり，私の拙い実践や自分が悩んできたことを届けたいと思いました。

この本は，遠くにいる私の仲間たちに，近くの後輩たちに届けたのと同じように，私の愛を捧げる本です。私の分身と言えます。

　学級経営や授業づくりに悩み，また，結婚や出産・子育て，もしくは独身を貫く，もしくは離婚というライフステージによる環境の変化の中で（もしくはそれを不安に思う中で），仕事もプライベートも何もあきらめない，何からも逃げない生き方をしたいと願うあなたは，私の大切な仲間や後輩です。この本には，私の20数年のキャリアの中で感じた大事なことも，してしまった失敗もすべて載せています。
　そして今，私は，とても幸せです。なぜなら，今，私自身が守られていることをいつもいつも感じているからです。守ってあげたいと思っていた後輩たちが，一生懸命に邁進する姿，そして私の中の愛を感じてくれる心が，私を守り支えてくれているからです。その思いこそが，人と人をつなぎ，支え合うための原動力だと思います。この本が，女性にも男性にも，仕事への，そして人生への原動力になることを祈っています。

　最後に，若干の誤解を生みかねない表現があり，少しばかり，説明をさせてください。文中で，「お母さん方」という言い方をしている箇所もありますが，学校現場には「お父さん」やそれ以外の保護者も，もちろんいらっしゃいます。具体的にイメージできるよう「お母さん方」と表記いたしました。
　また，ＬＧＢＴの認知度が上がり，我が子の学校においても，学校生活にとりいれられるようになっているようです。多様性を尊重する現代社会においては，女性的／男性的，母性／父性といった分け方そのものが不適切な場合や，違和感をもたれる方もいらっしゃるかもしれません。もちろん，男女

に分けることのできない，人としての感覚こそが大切だと私も思います。男女を超えた人間性を探りたいと思い，わかりやすさを意識して意図的に女性的や母性，男性的や父性という言葉等を用いておりますことをご理解いただきたく思います。

　では，この本が，あなたの教師人生を拓く金色の鍵になることを心より祈っています。

松井恵子

CONTENTS

はじめに

Chapter1
女性教師としての誇りをもって仕事をしよう

- 女性だからこその強みを生かそう ……………………………………………… 12
- 女性的な視点と男性的な視点とは ……………………………………………… 14
- 圧倒的教師を目指す ……………………………………………………………… 16
- 笑顔教師にミラクルチェンジ！ ………………………………………………… 18
- 女性ならではのライフステージと向き合うマインド設計術 ………………… 20
- **COLUMN** 私がしたこんな失敗①　修学旅行の引率で…… 24

Chapter2
細やかな女性目線でつくる！　学級経営のワザ

- 笑顔は女性最強のアイテム ……………………………………………………… 28
- 細やかな危機管理で学級を守る ………………………………………………… 30
- 「クラスメイト＝友達」ではない最近の子どもたち ………………………… 32
- 女子の友達関係は，女性だからこそ感じられる ……………………………… 34
- ちょっとおちゃめであれー油断が教室をあたたかくするー ………………… 36
- 「愛されるより愛したい」をモットーに ……………………………………… 38
- **COLUMN** 私がしたこんな失敗②　買い物に行く暇がなくて…… 40

Chapter3
信頼される教師になる！　授業づくりのワザ

話し方教室ー声色は３トーンを使い分けよー ……………………… 44
熱量が上がる授業のつくり方 ……………………………………… 46
ノートの見方 ………………………………………………………… 48
誇れる板書で絆が生まれる ………………………………………… 50
授業参観のつくり方は，母目線で ………………………………… 52
■BREAKTIME　母は忙しいのだ！　55
私の教材研究ー視点と方法ー ……………………………………… 56
正解ばかりを求めない，ゴールの姿は遠くに描いて …………… 62
COLUMN　私の恒例行事？　64

Chapter4
スタートが肝心！　１年生を担任するときのポイント

赤ちゃん扱いはＮＧ！ ……………………………………………… 68
１年生は生命力に満ちている ……………………………………… 70
メリハリと短文で，わかりやすい指導を ………………………… 72
■BREAKTIME　教室は間違うところだ，と言いつつ……①　75
読めない＆書けない１学期を乗り越える ………………………… 76
学級通信は書きすぎない …………………………………………… 78
保護者も１年生 ……………………………………………………… 80
１年生の学び方は，人生を変える ………………………………… 82

人が本来もつ「母性」を存分に発揮して ……………………… 84
　COLUMN　私がしたこんな失敗③　キャラ弁に気をつけろ！　86

Chapter5
強みを存分に発揮して！
高学年を担任するときのポイント

明るさのシャワーで心を開かせる ……………………………… 90
生徒指導は，細心の配慮を …………………………………… 92
女子特有の人間関係指標を察知せよ ………………………… 94
教師も見た目が9割
　　―女子のファッションチェックを侮るなかれ― ………… 96
高学年男子には，「男」の指導で挑め ………………………… 98
学級経営は，カリスマを身にまとえ―承認・傾聴・導き― … 100
感動の道徳授業をつくる ……………………………………… 102
宿題指導の極意―宿題を通して，繋がる・耕す・把握する― … 104
子どもに訴えかける学級通信 ………………………………… 106
「許す」心，それが愛です ……………………………………… 108
■BREAKTIME　教室は間違うところだ，と言いつつ……②　110

Chapter6
しなやかにたくましく！　女性教師の仕事術

- 保護者との人間関係のつくり方 ･････････････････････････････････････ 112
- 同僚との人間関係のつくり方 ･････････････････････････････････････ 114
- お局様・殿様先生との人間関係のつくり方 ････････････････ 116
- ケンカは女を下げる―言いたいことは公の場で笑顔で― ･･･ 118
- 保育園のお迎えがある―だからこそ仕事は段取りよく― ･･･ 120
- 「ねばならない」から解放されよう ･･････････････････････････ 122
- 朝は忙しいからこそ，一工夫 ･････････････････････････････････ 124
- すきま時間にアイデアの神が降りてくる ･･････････････････ 126
- 忙しすぎるメリットは，くよくよする時間がないこと ････ 128
- 謙虚と自信のさくらんぼをいつも胸に ･･･････････････････････ 130

COLUMN　モンスターに攻撃を受けた時のパワー回復法！　132

Chapter7
こんなときどうする？
女性教師ならではのお悩みQ&A

- Q1 「子どもがいない先生に指導ができるんですか」と
保護者に言われてしまいました。････････････････････････････ 136
- Q2 高学年男子との関係のつくり方で悩んでいます。
彼らの懐に入っていくコツは？ ･･････････････････････････････ 138

Q3 今の勤務状態で結婚・出産・育児をする自信がありません。……… 140
Q4 結婚したので子どもがほしいです。低学年を希望していますが，
このまま低学年希望を出し続けてもいいのでしょうか。……………… 142
Q5 育児休暇を3年もとったら復帰してから
仕事ができないのではと不安です。…………………………………… 144
Q6 年上の先生方からどう見られているか気になります。
経験年数の割に，仕事ができない自分がふがいないです。………… 146
Q7 子育て真っ最中で，勤務時間を超えて働いていますが，
遅くまで働いている先生も多いです。上に立つ立場でありながら，
若い先生たちより早く帰る毎日に気を遣います。…………………… 148
Q8 年下への仕事の振り方や内容に気を遣います。
「〜してみる？」と聞いて，困った顔をされたら，
どんな声かけをしたらいいですか？ …………………………………… 150

COLUMN 私がしたこんな失敗④　我が子に懺悔　152

おわりに

Chapter1

女性教師としての
誇りをもって
仕事をしよう

女性だからこその強みを生かそう

> 私は若い頃，若い女性の先生より若い男性の先生の方が，職場にも保護者にも受け入れてもらいやすいように感じていました。"女性は損"，そうも思っていました。しかし，それは大間違いです！　あなたの中に眠っている女性だからこその強みを目覚めさせましょう。

生まれもった母性を感じよう

　「女の子は生まれながらにして女性」というような言葉を聞いたことがありませんか？　幼稚園の女の子が甲斐甲斐しく男の子のお世話をする光景なども，よく見られることです。また，おおかみに育てられた女の子が発見されたという話も耳にしたことがあるでしょう。雌のおおかみが，捨てられた人間の赤ちゃんを育てたという内容です。

　動物の雌には，母性があるのです。私たち女性は，動物的本能として，「育てたい」とか「この子を守ってあげなくちゃ」という母性を兼ね備えているのです。ゆえに，育てたい，守りたいという思いからスタートし，子どもを教育できます。たとえ母になっていなくても，母性は存在します。自信をもって教室の子どもたちを受け止めてあげられるのです。

「女性なのに」ではなく，「女性だから」できることがある

　「先生は新任でしょ？」──初めての家庭訪問で言われた言葉です。でも，男性の先生がそのような言葉を投げかけられることは，私が若い頃はあまりありませんでした。今は違います。たくさんの若い先生が採用されるようになり，そして時代の傾向もあるのか，男性の先生より女性の先生の方が喜ばれることもあるようです。

　しかしながら，若い男性の先生への風当たりと，若い女性の先生への風当たりを比べると，女性の先生への方がきついと感じる若手も多いようです。

　私も，「新任でしょ？」の言葉からスタートしました。ですが，学校生活

が進むにつれ，保護者との関わりは変わっていきました。それは，女性だからこそ，お母さん方の気持ちに共感できるということがきっかけだと思います。

　昔から，女性特有の井戸端会議というものが存在しますよね。男性には理解が難しいかもしれませんが，何度も同じことを話しては聞き，聞いては話し，結論が変わるわけでもないのに，時間がたっぷり過ぎていく……。それでも，女性は満足するのです。阪神淡路大震災のとき，避難所では何度も何度も被災したときのことを女性たちが話していたらしいです。それは，話すことで暗い気持ちを解消でき，聞いてもらい反応してもらうことで，前向きな気持ちになるからです。女性は，話して聞いてもらって，言葉を返してもらって，心が充足されていくのです。私も新任のときは結婚もしておらず子どもも産んでいませんでしたが，この"女性ならではの会話の価値"を見出していました。さらに，部活動等で，女性同士の関係の中で育ってきていましたから，いかに目上の女性の気持ちを受け止めるかは，心得ていました。心得ていると言うと冷たく聞こえますが，会話を誠心誠意聞くことは自然とできますし，自分にとっても心の充足になります。教師も保護者も，子どものよりよい成長が願いです。教師が結論を急ぐとその願いすらわかっていない人のように感じられます。何度も同じことを話してもらって共感して，教師として自分のできることに真摯に取り組んでいく……，すると，お母さん方との距離が縮まり，温かい関係になっていきました。お母さん方との人間関係は子どもの教育を支える大きなウェイトです。同じ女性だからこそ，お母さん方の気持ちに共感でき，女性同士の女性同盟ができあがるはずです。

●教育こそ，「育てる心」が必要。あなたの中の母性を子どもたちに注ごう。
●お母さん方と女性同盟を組むと共に，子どもの成長に真摯に貢献しよう。

女性的な視点と男性的な視点とは

女性の強みもあれば，男性の強みもある。その逆に女性の弱点と男性の弱点も存在します。両方を意識できれば，あなたの教育はもっと花開くはずです。まずは，女性視点と男性視点を確認しましょう。ただし，今から挙げる女性的な視点，男性的な視点は，あくまでそのような傾向が強いのではないかという投げかけです。決して，すべてそうであるというわけではありません。ご自分を分析するきっかけにしてもらえたらと思います。

丁寧な視点と見えるものの向こう側を読み取る女性的な視点

　夫の浮気を何となく察することができる（と言われる）妻目線。女性は細かな表情の変化や，雰囲気の変化に気づくことが多いです。教室の隅にあるほこりやぞうきん掛けの乱れ，学級文庫の乱れなど，細かいことに気づく女性は多いはずです。この細やかさは，丁寧に宿題や子どもの持ち物をチェックするなど，一人一人の基本的な生活習慣を育てることに効果があります。

　また細やかさは，学級の子どもの様子を見取る能力にも反映できます。子ども同士の関係がこじれかけたとき，敏感に察知できるのも女性の強みです。最近問題になっている，児童虐待やネグレクトなど，家庭での過ごし方を，その子の様子や会話から察知するのも女性の細やかな目線が早いかもしれません。

　古来から，家事と育児を同時進行してきた女性脳は，同時にいろいろなことを進めたり，情報をキャッチしたりするのも得意です。ご飯の支度をしながら赤ちゃんの泣き声に耳をすませ，煮物をしながら洗濯物をたたむなど，女性の仕事の同時進行と情報収集には，すごいものがあります。教師は，日々の授業準備や校務分掌など，たくさんの仕事を同時進行しています。教室では，たくさんの子どもの声が飛び交っています。宿題の丸つけをしながら，子どものトラブルをキャッチするなんていうことにも，女性脳は，有効かもしれません。

見えるものしか見ず，客観的な見方ができる男性的な視点

　妻が美容院に行ったのにほとんど気づかない夫，よく聞く話ではありませんか？　ロングヘアをショートヘアにする等でなければ，5㎝ほど切ろうが，カラーを変えようが，あまり気づかない男性は多いです。だからこそ，細かいことには目をつむることができるのが，男性の強みと言えるでしょう。整理整頓がどうしても苦手な子どもにも，がみがみと細かい注意をせず，おおらかに受け止められることが，男性的な視点の強みです。

　また，言葉そのものを受け止めますから，深読みなどをしないことが多いのも，おおらかさの一つです（そこに女性はやきもきしたりもします。「ほしい答えはそれじゃないのに」等……）。

　だからこそ，常に客観視できることが大きな強みでしょう。

この強みも，弱みになることがある

　女性の強みとして挙げた細やかさも，ともすると，細かすぎて子どもが拒絶感をもつことがありますし，言葉の向こう側を感じてしまうばかりに，人の目を気にしすぎる，なんてこともあるでしょう。男性は，おおらかであるがゆえに，見落とすことが多くなるかもしれません。次の章では，この強みを，強みとして発揮する方法を提案したいと思います。

●女性は細やかで言葉の向こうにある思いを汲み取れる。男性はおおらかな視点で客観視できる。

圧倒的教師を目指す

> 授業や学級経営を豊かにこなし，プライベートでも何もあきらめず，しなやかに仕事をする圧倒的教師になりましょう。

圧倒的教師になりたい！

　今まで，たくさんの素敵な先生に出会ってきました。あたたかい学級経営で，授業も子どもたちがいきいきとしている，先輩として，後輩の私を理解してくれ，慰めてくれたり，導いてくれたり，たくさんの支えをくださる……，素敵な先生方に憧れを抱き，そんな先生になろうと日々を邁進した経験は，私の宝であり，今の私をつくっています（もちろん今でも，修行の毎日です）。

　さらに，女性教師にとって，結婚，出産という人生の大きな変化は，教師としての生活にも，多大な変化をもたらします。特に出産は，産休を必ずとりますし，育児休暇をとるのも，男性ではなく女性であることがほとんどです。ちょうど仕事にも慣れ，教師という仕事の喜びも感じ始めた20代半ばから30代前半に，長期間の休みをとる──そのことに，不安をもつ女性教師も多いようです。私もそうでした。

　でも，大丈夫です。

　仕事もプライベートもあきらめず，しなやかにたくましく生きる圧倒的な教師を目指しましょう。そうすれば，必ず道は拓けます。まずは，意識して自分の心を育てる術「マインド設計」をマスターしていきましょう。

女性的な視点と男性的な視点，自分の中で両方を育てる

　先述した女性の強みと男性の強み……，私の憧れる先輩先生方は，みんなその両方をもっていました。女性の先生は，ぴりっと引き締まった男性的な

感覚をもち合わせ，男性の先生には，細やかさと共感力がありました。
　例えば，子ども同士のトラブル。状況を把握する際は，客観的に捉えることが大前提です。ここで，「またこの子がトラブルか」というような感情をもってはいけません。事実把握が平等でなくなりますし，教師と子どもの関係も悪くなります。十分に事実把握を行った後は，両方の気持ちを汲みとり，共感する部分は共感します。ただし，子どもの言い分ばかりを聞いて，ケンカ両成敗になれば，立場の弱い子が泣きを見ることになります。だから最後は，だめなものはだめという強い意思を教師から子どもに投げかけることが必要です。つまり，『客観視＝男性的な視点→共感＝女性的な視点→強い意思＝男性的な視点』というように，両方を使い分けるのです。これが，共感ばかりだと，子どもの関係がすっきり解決しませんし，一方で威圧ばかりで納得ができないと，子どもは教師を「自分のことをわかってくれない敵」と見なすでしょう。こうなると，思春期に入る高学年や中学生になったときに，教師からの注意を受け止めることが難しくなります。
　また，生徒指導の後は，さっぱりと終わり，ずっとイライラをひきずってはいけません。「次からは，こうしよう！」と明るい方向にしめくくり，ぱっと雰囲気を変えてあげることも大切です。女性は，細やかさが，細々としたことへのイライラにつながらないように，男性は，威圧ばかりで子どもをおさえ込まないようにしましょう。

●女性は，母性の中に父性を育てる。男性は父性の中に母性を育てる。

笑顔教師にミラクルチェンジ！

> いつも笑顔の教師でいたい！　あなたの心のギアをシフトチェンジすれば，あっという間にミラクルチェンジできます。

女性ならではの感情

　「こんな私を，周りはどう思っているのかな」「嫌われたくない」など，女子中学生や小学校高学年女子の関係にはそんな様子がよく表れますが，そのような感情に苛まれる女性は，20代になろうが，下手をしたら40代になろうが，少なからず存在します。また，いわゆるジェラシー……女性が女性に対してもつ嫉妬心は，テレビドラマのストーリーとしてとりあげられるほどです。どうしても，自分と周りを比べてしまう，周りからの評価を気にしてしまう……。性別は関係ないのではないかと思われる方もいるかもしれませんが，私の経験上，女性の関係の複雑さは男性の予想を上回るものです。"結果重視"の男性には計り兼ねるものかもしれませんが，女性は"過程や思いを大事にする"ので，複雑な思いが交錯するのです。

女々しい感情を断捨離！

　上記のような感情を"女々しい"という言葉でまとめることとします（この言葉は好きではありませんが）。これらの感情に苛まれるとき，解決方法が一つだけあります。誰が何を言っているのかを気にしても，相手の言動を変えることはできません。嫉妬心も，感じれば感じるほど傷ついているのは実は自分です。ただ一つ変えられるもの，それは「自分自身」でしかないのです。誰が何を言っていても，それを変えることはできません。自分がコントロールできないことを考えても仕方ないのです。ならば，そんなことは考えなければいいのです‼　考えない。考えずに，女々しい感情を断ち切るの

です。

強くたくましく，ミラクルチェンジ！

　その代わりに，自分がコントロールできることに，力を費やします。私たちは教師です。教師の仕事に力を注ぐのです。例えば，毎日の授業をおもしろくするために，教材研究に没頭する，何か新しい教育方法を模索するために本を読む，校務分掌をもっと活性化するために，いろいろな先生に聞きまくる等です。自分が動けることがたくさんあります。仕事以外のことも，努力できることは時間の許す限りしたらいいでしょう。素敵だなと思う女性がいたら，それを真似して洋服を買ってみる，小学校教師のユニフォームとでも言えるジャージも新しくしてみる，エステでリフレッシュ，なんてこともいいでしょう。

　とにかく，動くのです。

　女々しい感情を断ち切りつつ，自分のできることに邁進することが自分の力となっていきます。女々しい感情から脱却し，強くたくましく，進みましょう。凛と生きる女性教師には，必ず素敵な味方，仲間の輪ができてくるのです。はじめは敵のように思えた相手ですら，何事にもくよくよせず，情熱をもって仕事をするうちに心を開き，歩み寄ってくることも，よくあることです。それでも，あなたのことを悪く言う人がいたとしても，考えない，考えない（はっきり言って，お給料をその人からもらっているわけではないですしね）。自分のできることだけに目を向ける。具体的なことは，この本を参考にしていただければ幸いです。さあ，笑顔の教師にミラクルチェンジです。

●女々しいことは考えない！　自分のできることだけに邁進すれば，あっという間に，ミラクルチェンジ！　あなたの笑顔が花開く！

女性ならではのライフステージと向き合うマインド設計

> 意識して自分の心を育てる術「マインド設計」。その最後は，ライフステージとの向き合い方です。結婚・出産・子育て……ライフステージにおける女性の生活の変化は大きいものです。自分らしく進むために，マインド設計をマスターしましょう。

結婚・出産は大きな変化だけど……

　ライフステージといっても，一般論のようになり，イメージできないような話になっては残念ですので，少し，私の身の上話から始めたいと思います。

　私は新任から8年間，淡路島に務めていました。実家のある明石市の西の端から，その頃は明石海峡大橋がありませんでしたので，電車と船で1時間かけて通勤していました。採用人数が少ない年代で，なかなか管外異動にもならず，8年間通いましたから，結婚，一人目の出産もその地でお世話になりました。ですので，産休になる妊娠8ヶ月までは，大きなお腹で船に揺られながら通いました。びっくりされる方が多いですが，私にとって宝物の8年間です。そのときの教師としての学び，出会いが，まぎれもなく今の私の基礎をつくってくれています。楽しかったです。授業をすること，行事をすること，飲み会をすること……頼れる先輩・同僚に囲まれて，すべてが楽しかったです。今では私の第二の故郷のような感覚です。

　2年目に高学年を希望し，5年生を担任，そのまま6年生担任にもち上がりました。初めて特別活動（児童会活動）の主任にもなり，ベテランの男性の先生からのバトンタッチでしたから，そのプレッシャーたるやものすごいもので，人知れず泣くこともありました。もちろん生徒指導上の問題も多々ありました。関係機関に走ることもありましたが，頼もしい養護の先生に助けられ，励まされました。そのとき，いただいた言葉は忘れられません。

　「母親より年下でも，担任として見ているのは，恵子ちゃん（私の下の名

前）やで。担任として感じていることに自信をもったらええんよ。」

　3年目のときだったでしょうか。とにかく，子どもたちに楽しい毎日をと願い，学級づくりばかりに熱を上げていました。保護者も，担任が若く拙くても一生懸命さを受け止めてくれていました。そのときに，尊敬する男性の先生からいただいた言葉は，

「学級経営が素晴らしいことも大事。でも，教師は授業。授業で勝負。」

　この言葉は，私の中核となり，今も胸の真ん中にあります。

大丈夫，育児休暇3年で，「浦島太郎」になんかなりません！

　上の子が2歳になる年に，今の勤務地に異動しました。そして2年後，下の子に恵まれました。3年間，育児休暇をとることが可能になった頃です。しかもその頃は，「香典袋じゃなくてお祝い袋を使うのは何年ぶりやろう」等と冗談が出るほど，20～30代の世代が少ない頃で，"3年も育児休暇をとるなんて"と思われる方もいたはずです。

　私自身も不安でした。異動したばかりで，自分をどう思われるのか，地域が違えば，戸惑うことも数多くあり，仕事は大丈夫か，復帰して居場所があるのかなど，3年間のお休みをとることに対する不安は大きかったです。

　しかし，亀の甲より年の功，それを打ち破った私の母の一言。

「子どもの小さいときは今しかない。母親の代わりは，ないんよ。いくらおばあちゃんがいても，違うの。母は母なの。」

　仕事は，後からできる。しかし，我が子の小さい頃は，今しかない。もう一度はないんです。我が子にさみしい思いをさせそうになった懺悔の気持ちも込めて，この本を読んでいただいている先生方に言いたいです。

　仕事は後からできます。

　育児休暇を終え復帰の年，現任校が廃校になったため，異動も重なりました。その頃は，10年研修と呼ばれる，初任者研修に次ぐ大きな研修の年でもありました。自分でも驚いたのは，育児休暇をとる前にやっていた授業や校務への取り組みを，昨日のことのように思い出し，情熱を傾けられたことで

す。もちろん，子どもがいる状況は以前とまったく違うので，タイムスケジュールは，子ども中心になります。しかし，授業づくりも学級経営も校務分掌も，独身の頃に一生懸命取り組んできた経験の貯金が，わんさか出てきたのです。よく後輩の女性の先生から「今，育児休暇をとって大丈夫か心配……」等の相談を受けます。そんなときには，こう言います。「私を見てブランク感じる？」答えは決まって，「NO」。そこに，つけ足します。「大丈夫。今までの経験貯金があなたを支えてくれるから。」心からの声は，後輩を勇気づけます。女性に，身体的に子どもを産むのに適した時期があるのは事実です。男女同権という時代でも，身体的なことは仕方ありません。子どもを授かるということは，本当に有り難いご縁です。だから，子どもに恵まれたら，最優先にすべきだし，妊活の時期も最優先すべきです。

　新しい職場での新しい出会いが，また私を変革・向上させてくれました。復帰から数年，導いてくださった先輩先生方があって，今の私があります。

　殻を脱いでは大きくなる生き物のように，より強く潔い教師に変身していく感覚，それは，数々の出会いの賜物です。「松井さんのよさをそのまま出して存分にやったらいいよ。」「母の代わりはないんだから，お子さんが熱のときは，そばにいてあげて。」そう言ってたくさんフォローしていただいたことはもちろん，教材研究や学級・学年経営についても，たくさん教えていただきました。マニュアルではなく，方法論でもなく，教師人生を切り拓く術を獲得させていただいたのです。これらは，黙っていて与えてもらえるものではありません。私がそれを欲し，求めていったことも大切な要素でしょう。ここに，どんなライフステージにおいても，仕事を充実させる極意があります。それは，

「仕事とは，マニュアル以外の部分の"マインド"にある」

　誰かから評価をもらうことを気にして，マニュアルばかりを求めるのではなく，仕事の本質を追究することを楽しいと感じられれば，力は湧いて出てくるはずです。そんなパワーをもつ人には，よい出会いがひきよせられてくるのです。もちろんそれは，当たり前のことではりません。私を育ててくれ

た先輩先生方には，感謝の気持ちでいっぱいです。

20代に充実を，30代に強さを！

　20代の充実が，結婚や出産後の仕事を支えることは，先ほど述べました。仕事の本質に喜びを感じ，20代を過ごすことは，結婚をしてもしなくても，30代のあなたを支えます。

　30代をシングルで迎えても，母にならずして迎えても，結婚して子どもを授かって迎えても，いずれにしても30代の女性のライフステージに大切なマインドは，しなやかな強さです。シングル，もしくは母ではない人は「母になっていない自分が保護者にいろいろ言うことができるのか」とか，我が子が小さい人は「今までのように十分に仕事に時間がとれない」とか，不惑の40代に届くまで，惑ってしまうことも多々あるのが，この年代でしょう。

　ストップストップ！　女々しい感情を脱却して，できることをしていきましょう。結婚しているかどうかなんて，学級経営には何も関係ないです。日々を見取り，精一杯関わるかどうかです。"担任として見ているのは，あなた"です。そこに"自信をもっていけばいい"のです。今の自分をしなやかに受け入れ，仕事への情熱をもち，凛と生きる強さに変えましょう。世間がどうとか，どう思われているか等は，考えても仕方のないことです。結婚も出産もご縁です。シングルでいることのよい面は，仕事にブランクがないし，自分の時間を豊かにもてることです。母になって仕事にブランクをもっても，見える世界が広がるのは事実です。自信をもって，進みましょう。40代には，考えるべきことと考えなくてよいことを判断できるようになり，『40代にして惑わず』の域に入るはずです。

- 20代で仕事の充実を。
- 30代でしなやかな強さを身につけ，40〜50代で素敵な笑顔の教師に。

COLUMN

私がしたこんな失敗①

修学旅行の引率で……

服装は，事前にチェック！

　新任3年目に6年生を初めて担任しました。とはいえ，5年生から受け持っていて，クラス替えもなく，そのまま持ち上がりましたから，クラスに不安もなく，修学旅行は，子どもより，私の方が楽しみにしているような状況でした。

　修学旅行の引率も，私は，遠足の延長線上に思っていました。だから，自分の服装は，動きやすさを重視し，下はデニム，上もジージャンで（その服装もどうかと思うけれど），ウキウキしながら出勤すると……。

　ベテランの先生方は，ジャケットにネクタイ。思わず私が「あれ，先生。今から修学旅行なのに，なんでネクタイ？」と聞くと「修学旅行だから，ネクタイなんやで。」と言われました。

　……やっちゃった！

　修学旅行は，学校を代表する学校行事です。フォーマルな装いが正しいのです。そういえば，職員の皆様の手厚いお見送りとお迎え，それに歴史学習として寺院を回ります。疑いもなく遠足扱いしていた私──大間違いでした。

　みなさん，服装は必ず目上の先生に事前におたずねしましょう。

　修学旅行を終えて，主任の先生に言われました，「教師が一番楽しんでいる修学旅行は初めてや！」はい，私のことです。とっても楽しかったです。今思えば，運営をしてくれている主任の先生は，大変だったことでしょう。まさに今，自分がその立場になり，危機管理にはとても気を遣います。ありがたや。

服装をフォーマルにするときは

　「式」とつくものは，フォーマルにすべし。
　始業式，終業式は，保護者の目はありませんが，だからといって，ジャージで，しかも，寝ぐせのついた髪の毛で式に参加することはいただけません。そんな先生から，「今日からしっかり生活のリズムをつくってがんばりましょう。」と言われても，子どもたちにとっては説得力がないです！
　式とつくものには，服装もフォーマルにして，節目を大事にしたいものです。
　また，最近は，女性教師の髪型以上に，男性教師の髪型が気になります。短いけれども，だらしなかったり，やんちゃ系だったり……注意をされても，中には，「なぜだめなんですか？」なんて返答する教師もいるらしいです。中学校では，生徒指導上，子どもに禁止している髪型は，教師もその類にあてはめて考えやすいですが，小学校にはそのようなきまりはありません。なぜなら子どもの髪型は保護者の責任であるからです。ルールとして提示されなくても，大人の常識としてわきまえたいところですが，常識自体を共有することが難しくなってきた世の中です。多種多様な考え方と，体育会系の年功序列感覚が希薄になっている今の世の中では，難しいみたいです。
　そんな時代だからこそ，自分から，目上の先生に率直に，髪型や服装を聞ける若者っていいですよね。保護者や仕事の懐に入っていける人格となるでしょう。率直に聞いてみてください。

何でも，率直にたずねることができる人は，愛されます。
服装は，要注意です。

Chapter2

細やかな女性目線でつくる！学級経営のワザ

笑顔は女性最強のアイテム

女性でも男性でも，笑顔は心を開く大きな鍵です。「女は愛嬌」なんていう言葉もあるくらい，笑顔は特に大事です。

目線を1本1本つなごう

　笑顔であいさつ，授業中も笑顔は大事に等，すべて聞いたことのある言葉でしょう。心がけている方も多いと思います。

　しかしどこを見ていますか？　教室には約40人の子どもがいます。私は，子ども一人一人を線で1本1本つなぐように目線を投げかけています。笑顔をかけるときだけではなく，授業をするときも，目と目を合わせて，つながりをつくっています。

　一番大切なのが，4月，始業式の日です。初めて担任として子どもと出会う日。教室で，担任が自己紹介をするとき，子ども一人一人と目を合わせるようにしましょう。

　ぐるぐるぐると，目線を時計回りに配っていく感じです。

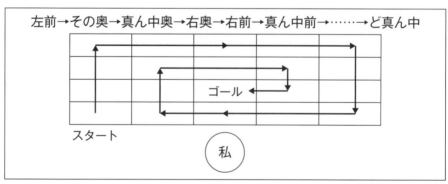

　ポイントは，必ず，笑顔で目を合わせることです。目が合わない子には，目が合うまで止まります。もしくは，話しながらその子の前まで行って笑顔

を近づけます。ずっと黒板の前で先生が構えなくてもいいのです。特に４月は，まだまだ担任と子どもたちの関係が築けていません。集中力を欠く子もいるはずです。だったら，教師のフットワークを軽くしたらいいのです。どんどん教室を動きましょう。

　もちろん，基本だけではなく，フェイントも使います。一番後ろに向かって目線を投げかけていたと思わせて，急に，きゅっと首をひねって，一番前の子に目を合わせたり，左右に首をはげしく動かして，目線の位置を変えたり……。とにかく，リズムをつくりながら，一人一人をしっかり見ているよということを発信し，印象づけることが肝心です。

笑顔の３種類

　子どもは，大人の表情をとてもよく見ています。そして感じています。笑顔には，出会いのときに発信した「心を開く笑顔」もあれば，お笑い番組を見ているときのような自分をさらけ出した「油断した笑顔」もあります。そしてもう一つ，母性に溢れた「包む笑顔」もあり，３種類とも大切です。油断の笑いばかりでは，子どもに緊張感がなくなってしまうし，出会いの笑顔ばかりでは，なんだかよそよそしいものです。「包む笑顔」は，子どもたちを愛おしく思うときの笑顔です。一生懸命な姿を見つけたとき，あどけない一面を見たとき，学ぶ楽しさを満喫した授業が成立したとき，温かい母性の溢れる笑顔を浮かべます。その笑顔を，子どもはよく見ています。特に低学年・中学年で，このような笑顔＝愛情を感じて担任とつながることができるかどうかは，高学年での子どものあり方を支えます。

● 「心を開く笑顔」で，ハリのある気持ちにさせ，「油断した笑顔」で，ほっとする安らぎを与え，「包む笑顔」で，認められているという安堵と人への優しさを育てる。

細やかな危機管理で学級を守る

社会性を育んでいく場が学校です。問題が起こらない学級はありません。しかし、できるだけ防げるものは防ぎたいものです。

画鋲一つも見逃さない細やかさを発揮せよ

　図工の作品などを飾る壁面がどの教室にもありますし，階段の踊り場や廊下にも掲示板がありますよね。何も飾っていないとき，次に掲示をするまでの期間，画鋲をその掲示板や壁面に刺したままにしていることがあります。画鋲は危ないものです。落ちてしまってそれを知らずに踏んでケガをすることも考えられますし，心ない子がつい出来心で，いたずらに使うことも想定できます。そのような「出来心」を出させないように，危険要素はとり除くのです。
　はさみや画鋲など，危険性を含むものは，目につかないように，引き出しや箱の中で管理します。
　特に４月は徹底します。画鋲の針だけが壁に刺さったままになっていることもあります。子どもの靴箱から教室まで，経路をたどって，画鋲の刺し残しや針を探します。靴箱はよく見に行き，乱れがないかもチェックしましょう。乱れている子は，精神的にも不安定になっている証拠だからです。
　毎月，安全点検は行いますが，４～５月はスタートの大切な時期です。特に気をつけましょう。

写真の扱いに気を配る

　修学旅行や音楽会など，写真の販売を行うときに，たくさんの写真を廊下に貼り出すことがあります。高学年になると，保護者ではなく子ども本人が写真の注文番号を注文袋に控えることも多いでしょう。そのときに，写真の

上に袋を置いて番号を書いたり,「ここに写っているよ」と写真を鉛筆で指さしたりすると,写っている子に鉛筆の跡が残ったり,傷がついたりすることも考えられます。先述したように,つい出来心で,気に入らない子の写真に傷を入れることも想定されます。ですから,写真の見方も指導をし,貼り紙もつくって写真と共に貼っておきます。「写真の上に袋を重ねて番号を書かないこと・鉛筆などで写真を指さきないこと」等です。とはいえ,何か問題が起こるときは起こりますが,「写真は大切」ということを意識させるかどうかで,"出来心"を防ぐ面も大きいのです。ほかに,教室の掲示物として,クラス全員の写真や授業の様子の写真等を掲示するときも,子どもの手がすぐには届かないような場所に貼り,汚れたり破れたりすることを防ぎます。

　そのほか,ケガにつながるようなことはたくさんあります。もちろん,子どもに道徳性を身につけさせることや,生徒指導として,してはいけないことはしてはならないという理性を育てることは,大前提です。しかし,危険性を察知し,とり除いておくことは大切です。細やかな女性目線は,こういうときに役立ちます。存分に細やかさを発揮して,危機管理をしておきましょう。

●細やかに教室を見渡し,ケガと"出来心"を未然に防止しよう。

「クラスメイト＝友達」ではない最近の子どもたち

> コミュニティーが希薄になっている現代，クラスメイトだから友達という感覚ではない子どもが増えています。それなのに，ただ何となく「仲間」という言葉を使っていませんか？

「仲間」の押し売りにもの申す

　いつの頃からでしょうか，幼稚園の頃から保護者のつながりで仲良くなった子としか遊ばず，ほかの子とは交流すらしない状況も多くなってきました。もちろん，発達段階は関係します。1年生は，保護者のつながりや席が近くになったことなどから交友関係が派生し，中学年，高学年と上がるにつれ，保護者や座席の距離の枠を超えて交流できるようになり，趣味思考の合う友達をつくっていくのが順当です。しかし，最近気になるのは，放っておけば中学年になっても，幼少の頃の交友関係から離れられなかったり，高学年でも，特定の友達としか関わらなかったりすることです。クラスを仲間にするための意図的な営みが必要なのです。

個と個をつなげる学級経営

　単なる「ただ集まっている群れ」から「つながりのある集団（仲間）」にしていくには，つながりをもたせていく学級経営が必要です。特に，学活で，様々な活動を行うことは有効です。

　まず，出会ったばかりの4月は，名前まわしゲームを行います。教室でクラス全員が円になります。まず，1周目。呼んでほしいニックネームを決め，スタートの子から言うのですが，4拍子のリズムをつけて，手拍子を入れてゆっくり回していきます。「恵子パンパン／けんちゃんパンパン／花ちゃんパンパン／……」（／で4拍）というようにです。2周目は，自分の名前と次

の人（隣）のニックネームを言って手拍子します。はじめの２拍に二人の名前を収めて言います。「恵子けんちゃんパンパン／けんちゃん花ちゃんパンパン／……」となります。言えなくて止まってしまうときは，みんなで沈黙をつくらないように「おー」と言って前にこける，そして巻き戻るように元に戻る，といったルールにしておきましょう。４月は，恥ずかしがってこけない女子も，２学期にはできるようになったり，名前を言うのがスムーズになったり，学級としての成長を感じることもできます。したがって，出会いとしてのゲームですが，２学期にも行い，「前よりスムーズに言えて，すばらしいね。」と価値づけに使います。さらにできるなら３周目は，ランダムにします。ただし，全員の名前が回るようにすることが大切です。「恵子太郎パンパン／太郎花ちゃんパンパン／花ちゃんけんちゃんパンパン／……」ランダムに呼び合わせ，学級全員が呼ばれたかどうかをしっかり見ておき，全員呼ばれたら褒め喜び合います。この３周目は，子どもの状態を見て，４月で難しそうなら６月や10月に行うとよいでしょう。また，クラス全員で円になるときも簡単な指示は出しますが，あまり多くの指示を担任からは出さないようにします。「○○ちゃんが円に入れないから，もうちょっと広がって」というような言葉を子どもが発するのを待ち，それが出た瞬間，褒めて価値づけるのです。円になることも４月は難しいものです。月日が進むにつれて，スムーズにできるようになるのも，学級の成長の証です。そのような細部の子どもの動きも見逃しません。

●本当の"仲間"になっていけるよう，意図をもった学級活動を計画しよう。

女子の友達関係は，
女性だからこそ感じられる

> 刻一刻と変化する日々の子どもの表情を見取るには，繊細な女性の感覚を用いましょう。

複雑な女子の人間関係

　仲良く遊んでいるように見える女子のグループ。実は，あまり仲良くないこともあるって知っていましたか？　もしくは，とても仲良しなのですが，他のグループの子と遊んではいけないというような掟のあるグループもあります。そんなグループに限って，グループの中で疎外し合うようなことが連続します。これ，昔は女子に特有だったのですが，最近は男子にも垣間見えることがあり，時代の変化を感じます。残念な変化ですが，ここに，ＳＮＳという代物が入ってきたので，まあ大変！　ゲーム機にも通信モードがあり，そのやりとりの中でもめることも多々出てきました。

母性のアンテナを発揮して

　では，そのような複雑な人間関係をどのように把握するのでしょうか。
　まずは，子どもの表情です。何が起こったか，誰が原因なのかはさておき，人間関係をしんどいと感じている子どもは，ふとしたとき，表情に出ます。
　休み時間の様子を観察してください。きっといつもとは違う動きがあるはずです。いつもと同じメンバーでいても，ふとしたときに表情が違う。もしくは，そのグループの雰囲気が丸ごと違うなどです。これは，低学年でも高学年でも同じです。

笑顔でそばに行ってみて

　そんな子どもを見かけたら、悩みを聞き出す前に、笑顔で声をかけてあげましょう。教師が明るいムードにひっぱってあげるのです。何気ない会話で教師が入り込み、外界とつなげてあげるのです。これが第1段階です。

　それでも暗い状況なら、悩みを聞き、対処できるように考えます。これが第2段階です。低学年と高学年では、その聞き出し方や様子の見方を変えなければなりません。ストレートに介入するタイミングを図るのにも、細かな見取りが必要です。特に高学年は、どのタイミングで、どこで話を聞くか、よく考えましょう。

●母性は、母にならなくても、男性でも、あなたの中に眠っている。細やかな観点で感覚を研ぎ澄まし、アンテナを磨こう。

ちょっとおちゃめであれ
－油断が教室をあたたかくする－

> 教室をアットホームな空間にしたい。そう思う人は多いはずです。もちろん意図的な教育活動は大事ですが，それだけでいいのでしょうか。

ときには教師の鎧を脱いで

　担任が教師という鎧を着たまま，子どもたちにだけ「鎧を脱いで，心を開きなさい」というスタンスでいて，子ども同士が心を開くでしょうか。担任がときにちょっぴりおちゃめな一面をさらけ出し，それを笑い飛ばす面が垣間見えれば，ほっとできるはずです。先生のちょっとした失敗談や本音トークをちらりと見せます。「あるある！」「大丈夫！」「そうそう！　それわかる！」など，担任のおちゃめな一面がわき起こすあたたかい空気感に，ほっとできる子は多いはずです。そして，そのほっとした感覚は，子ども同士の関係にも広がり，「いいよ，いいよ。大丈夫」という許し合いにつながっていきます。どの学年も教師の言葉をよく聞いていますが，特に低学年は友達への口調が担任の口調そのものになることもしばしば。「○○くん，早くしなさい」ばかり言っていると，子ども同士が同じような叱り口調で注意ばかりをし合うという殺伐とした空気になってしまいます。教科書通りの指示や叱り口調ばかりでも，低学年はおとなしく言うことを聞きます。でもそれで，広い心は育つでしょうか。平和を築く人を育てることにつながるでしょうか。やはり，許し合う感覚を経験させることが，心を広くし，安定させると思います。だから，まずは，先生がおちゃめに油断を見せ，子どもの心の安定を図りましょう。

間違ってはいけない，"おちゃめな油断"と"ただの馴れ合い"

　p.29で笑顔の3種類について先述しましたが，その中の「油断した笑顔」に通じます。間違ってはいけないのは，腹を割った油断を見せることと，ただの馴れ合いの関係になってしまうことを混同しないようにすることです。ただ単に，慣れ親しみやすい先生に陥ってしまっては"学級王国"になりかねません。"学級王国"とは，担任を王様とし，自分たちなりのルールでしか動かない学級のことです。私たちは，"教師"として子どもに対峙していくべきです。子どもたちにとって「大人になるって素敵だな」とか「先生は，僕たちのことを思ってくれる存在なんだな」という感覚をもつ経験が，次年度，担任が変わっても，その教育を素直に吸収する土台となるのです。いつまでも，あの先生がよかった，あの先生の言うことは聞くけれど，この先生の言うことは聞かないというような状態は教育とはいえません。それは教育ではなく支配です。担任ではなく，王様です。だからこそ，大事なのは，担任，つまり自分が好かれているかどうかではなく，油断を見せることで，子ども同士も油断を見せ合い，「まあいっか」と言える関係になる手立てとすることです。そのような愛情を理解できず，余計にだらしない雰囲気にしてしまうような子がいるのであれば，全体の場で油断を見せるのは控えるべきです。ただし，どの学級にも，学級のことを思い，一生懸命に考えてくれている子は少なからずいます。そのため，休み時間の会話の中で，がんばっている子たちに，担任が油断を見せてほっとさせてあげるとよいのです。

●大人になっても楽しそう。そんな風に思わせることも教師の役目。油断を許すことは，お互いを許し合う心につながる。

「愛されるより愛したい」をモットーに

「愛されるより愛したい」……どこかで聞いたようなフレーズです。しかし，あなたの心はどうですか？　愛されることを子どもに望んでいませんか？

問題行動があったとき，落ち込むのはなぜですか？

　毎日毎日，教室の子どもたちのことを考え，教育活動を営み，よりよい成長を願っているのが教師という人間です。休みの日だって，気になることがあればずっと頭をよぎり，悩んだり落ち込んだりしてしまいます。

　6年生を受け持って，3学期，卒業までのカウントダウンが始まり，クラスもいいムード，そんなときにふっと起こった生徒指導の案件。なんで，この時期にこんなことを……。今までの積み重ねはなんだったのだろう。こんなに丹精込めて，育ててきたのに……。そんな感情に苛まれたとき，自分の愚かさに，はたと立ち止まりました。自分がこれだけやってあげたのに，というおこがましさがそこにはありました。なんて陳腐なのだと思いました。

　これだけ愛をもって育ててきたのだから，それに応えてくれるはず，と，どこかで見返りを求めてしまっていたのです。

　しかし，それは本当の愛ではありません。見返りを求めた時点で愛ではなく，愛されたいから，愛しているだけの欲になってしまうのです。

　もちろん，自分の反省として落ち込むことは必要です。でも，イライラしたり，問題行動を起こした子に何も愛が届いていないように思ったりするのはまったく違うのです。確かに愛は届き，その子の成長もありました。それは紛れもない事実で，そんな大切な日々までもすべてかき消してはいけません。

　だから，「愛されるより愛したい」そんな思いを常にもちましょう。

言葉で伝える―世界に一つだけの学級通信―

　新任のとき，私は，一人一人を毎日しっかり受け止め，愛を伝えられているだろうか，と自問自答しました。そこで，「学期の最後に，一人一人に思いをお手紙にして届けよう。」と思いました。

　成績表には，所見という欄があります。ただ，成績表は保護者宛
に書いたものです。ゆえに，子どもに直接，担任の思いを伝えたいと思い，始めたのが，「世界に一つだけの学級通信―先生からのラブレター―」です。

　学期最後の学級通信の一部をメッセージが書けるように空白にして印刷しておき，一人一人にメッセージを書きました。せっせと夜なべして，成績表と一緒に渡しました。メッセージには必ず，「大好き」という言葉を添えました。20数年続けました（経験年数が20数年を過ぎた頃，メッセージにしなくても，日記指導の中で，また，授業を通してなど，思いを伝えられるようになったと感じ，また，体力的・時間的にも難しくなりやめました）。

　高校生になった卒業生（しかも優等生タイプではなく，心配がつきないタイプの子）が，「３年生のとき，先生からもらったお誕生日カードと学級通信，まだ置いているよ」と言ってくれたときはうれしく思いましたが，それを望んではいけません。愛されるより愛したいがモットーですからね。

●イライラは相手からの見返りを望んでいる証拠。
　イライラせずに，今のその子を愛してあげよう！

COLUMN

私がしたこんな失敗②

買い物に行く暇がなくて……

運動会なのに！

　我が子の運動会と勤務校の運動会が同日，ということが何年も続きました。勤務を休んで我が子の運動会に行くわけにはいきません。母の不在を埋めるために，夫だけでなく，おじいちゃんやおばあちゃんも応援に動員します。母は，お弁当に応援の気持ちを込めてつくります。だから，おせちを入れるようなお重とピクニック用の２段お弁当箱に，たんまりお弁当をつくって，風呂敷にくるんで夫にあずけるのです。

　ただ，私自身は，勤務校の運動会もあるので，前日は準備も重なり，クタクタのへとへと。当日も運動会なので，早朝出勤です。

　運動会前日は，へとへとで帰ってすぐに翌日のお弁当の段取りはできません。その日の晩ご飯に，当日の我が子たちの準備もあります。一通り済ませて，さあ，明日の段取りを，と冷蔵庫をのぞくと，あー，やっぱり買い物に行かないと無理だー。わかっていたけれど，お腹を空かせた我が子の晩ご飯を先にと思って買い物には寄らずに，とにもかくにもと帰ってきたので，明日のお弁当の材料には足りません。

　時計を見ると，近くのスーパーの閉店時間までは，まだ時間があります。ちょっと休んでから行こうかな。うん，そうしよう。ちょっとリビングで，10分だけ。テレビを観ながら寝ころんだ。……それがやっちゃった‼

　寝てしまったー！　起きたら，深夜１時を過ぎています。でも，大丈夫。車で少し行けば，24時間営業のスーパーがあります！　飲まなくてよかったー。深夜２時頃，スーパーへ。何とか，材料をそろえ，無事にお重と２段お

弁当をつくることができました。睡眠不足？　そんなの，当たり前，当たり前。年に一度の運動会です。アドレナリンで，勤務校の運動会も，もちろん運動会の打ち上げも，2次会も，クリアできてしまうのです。

　ところでこの失敗，一度で済んでいません。何度かありました。遠足の前日も同じようなことをしてしまったりして……。
　それで，発見したことがあります。深夜2時は，「ザ・夜中」という感じで，ちょっぴり治安の悪そうな雰囲気があります。ところが，3時半を超えると，「リトル・朝」という感じになり，さわやかな雰囲気になるのです！24時間スーパーに夜中に買い物に行くのなら，24時までか，深夜3時以降をおすすめします（あ，もっと計画的に，夕方お買い物しておくのが一番ですね。失礼しました）。
　すぐ必要になりそうな文房具は，余分に買いだめしておきました。消しゴム，名前ペン，絵の具の白・黄・赤・青，墨汁，ノート類等……。工作グッズとして使えそうなものも，押し入れの衣装ケースにどんどん入れてためておきました。急に言うんですよ，子どもって。
　余談ですが，我が家は，学校行事大好き家族なので，小道具用の収納ケースもあります。5色のTシャツを各色2枚ずつ（これは，ヒーローもの，アイドルや赤いTシャツにサングラスなんていうお笑い芸人の真似をするときも大活躍。ネットで，1枚300円ほどで購入します。）やアフロのカツラ，ハロウィンの仮装用グッズもまとめて入れています。我が子が使ったり，私が受け持ちの子に使わせたり，プライベートで使ったりと大活躍です。

買い物は，計画的に。……って，そんなことできたら苦労しません！
大丈夫，コンビニ＆24時間営業がある！　なんとかなります！

Chapter3

信頼される
教師になる！
授業づくりのワザ

話し方教室
－声色は３トーンを使い分けよ－

> どうしてあの先生が話すとき，子どもは見入るのだろう？ そんな風に思うこと，ありませんか？ まずは声色，基本の３トーンを使い分けましょう。

声色は，３トーンを使い分けよ

①大きく明るい声＆小さくささやく声（フォーマル型）
②和ませるようなあたたかい声（カジュアル型）
③ハリのある奥行きの感じられる声（カリスマ型）

①大きく明るい声＆小さくささやく声（フォーマル型）

　授業の冒頭，「さあ，授業を始めましょう！」等と言うときは，大きな発声をします。教室の後ろまで聞こえる発声，その大きい音量で話す言葉の間に，ささやくように小さな声を入れて子どもを集中させることが基本です。この基本を「フォーマル型」としましょう。ささやき声を入れられていない人は，まずこれにチャレンジしましょう。ただしこれらは，マニュアル通りです。悪くはないし，正しいのですが，このトーンばかりで授業をされると，子どもにとってはわざとらしく，退屈になったりします。

②和ませるようなあたたかい声（カジュアル型）

　フォーマルな中に，ふっと見せる教師の人間味。これがあると，子どもの目が開きます。普段の顔をのぞかせるように，ふと教師が冗談を言って，和ませる……正しいこと＝フォーマルばかりをやられても，人の心は動きません。その人の人間味や歩み寄りが感じられたとき，人の心は動くものです。少しカジュアルさを入れてみるのも，子どもと関係をつくるのには適しています。ただし，しっかりとした授業づくりが基本です！　このカジュアル部

分ばかりを前面に出してつくる楽しい授業は，本当の意味の楽しさではありません。子どもが主体的に考え，深めていき，その学習過程に楽しさを見出していくのが授業の本当の楽しさです。勘違いしないようにしましょう。まやかしの楽しさでは，子どもは笑ってくれていても，満たされてはいませんよ。

③ハリのある奥行きの感じられる声（カリスマ型）

　文章では表現しづらいのが，この声です。「和ませるようなあたたかい声」が，肩の力を抜いたような平面的な声とするなら，この「ハリのある奥行きの感じられる声」は，立体の声です。主に，学級全体や学年集会など，これからのめあてを指し示すようなときに，以下のように使います。

　　背筋を伸ばし，息をいっぱい吸い込む。
　　目を1.5倍ほど開け目線もきりりと，
　　頭から声がポーンと出て後ろまで包み込む感じで。

　①のフォーマル型より威厳のある感じです。不思議と子どもの背筋が伸びますし，ぐっとこちらを見ます。この発声は，授業中に態度が悪い等，指導するときにも使います。ピンとした空気で歯切れよく子どもを叱ります。指導した後は，切り替えも大事。①のフォーマル型にすぐ戻します。すると，正しいことをしていた大半の子どもたちは，ほっとします。教師が感情ではなく指導として叱っていることに安心しますし，すぐに教室の空気を戻してくれることに安堵します。

●まずは，明るく大きな声で授業を。そして，３トーンを使い分ければ，授業にハリが加わる！

熱量が上がる授業のつくり方

> スムーズに進行できるのがよい授業でしょうか。もちろん授業の流れは大切です。しかし，そこに，子どもの「学びたい」という熱量がなければ，それは，子どもにとって意味の薄いものでしょう。子どもの熱量の高い授業を目指したいものです！

授業は，シンプル is BEST

　「1年に数度しかない研究授業。この経験を通して，自分も子どもも成長するぞ。グループでの話し合い活動で，グラフも書かせて，ノートに個人の意見も残して……」等，いろいろなことが堂々巡りするということがありませんか？　もしかしたら，その思いは，あなたの期待を押しつけているだけなのかもしれません。本当に子どもの学びを真摯に考えるのなら，授業づくりは，「シンプルに」が鉄則です。

シンプルな授業ってどういうこと？

　シンプルと言っても，ただ単調に授業を進めることを指すのではありません。考えさせたいことを焦点化するために，他を削いで考えさせるということです。例えば，面積の公式を考える授業。既習事項を使って考えるとき，求めたい台形の上底，下底，高さに数値が示されていて，面積を求めます。あるいは，方眼紙の上に台形があり，方眼を使って求積を説明させたりします。黒板には，求積方法と式が並びます。（5＋3）×4÷2……4って何？　2って何？　数値と考えが行き来して，余計に混乱することがあります。

　そこで，授業をシンプル化します。数値を与えず，方眼もなく，言葉のみで考え方だけを追究させていくのです。子どもたちの言葉で，面積を求める考え方を話すことだけに絞ります。この単元の導入で，三角形の面積から，数値なし，方眼なしで追究した子どもたちは，高さという言葉を知りません

でしたが，「直角になっている辺を掛けて，2で割れば，三角形の面積になる」という結論を導き出し，自分たちの言葉で高さのことを「直角辺」と名づけました。もちろん，次時には高さという言葉を教えましたが，学習の後半では，底辺と高さ以外にも数値の入っている問題で，高さを見つけにくい子どもが出てきます。そんなときには，「高さは"直角辺"だったよね。」と投げかければ，見つけられました。自分たちで「掴み取りたい」という熱量で獲得した知識は，ぐっと自分のものにできるのです。

　だからこそ，教科書を鵜呑みにせず，もう一度目の前の子どもたちを思い，授業を考えましょう。何を考えさせるのか，そのために，どこで言語活動を用いるのか，与える教材は？　ワークシートは？　ワークシートも，まるで穴あきシートのような，教師の意のままに進めるのでは，子どもの熱量にはつながりません。

　「子どもたちが動き出す，熱量の高い授業にするためには……！」
　この視点をいつももちましょう。

グループ活動こそ，教師が気を抜くべからず！

　グループ活動のとき，教師の役割は大きいです。決してやってはいけないのは，誰も話をしなくなったから，ペアやグループで話しましょう，という教師の身勝手な投げかけです。教育活動は，意図的に，子どもたちの学びのために仕組まなければいけません。グループ活動に入る前に，論点を示したり，机間巡視をしながら，ときに全体に指示をしたりすることが大切です。

●1時間の授業で，考えさせること，そして活動は，一つずつが基本。
●シンプル is BEST な授業づくりで，子どもの熱量を上げよう！

ノートの見方

日々の授業でノートや観察カードを見取り，次の授業や子どもの指導に活かしたいと思うものの，時間が追いつかず，どんどんたまってしまう。「えーん，どうしよう。」なんてこと，ありませんか？

ノートや観察カードは，授業の中で即コメント

　観察カードや授業ノートのチェックなどがたまってしまうことはありませんか？　私は，授業中にできるだけチェックをします。低学年であれば，カードが完成した子から教卓にもってこさせ，一人一人と対話をしながら，チェックします。カードに書かれていることに「ここがいいね。」と言って丸をつけたり，書けていない子には「どう思ったの？」と訊ねてつけ足したりします。これは，丸つけを早く終わらせるためだけのことではありません。個々に話し，即座に評価することで子どもの力になるのです。高学年であれば，授業の振り返りを書き終わった子から前に出て読むようにしています。聞いておけばしっかり読まずともあらかたのチェックはできます。書けない子には，発表を聞いて同じだと思うことを探して書くことをアドバイスします。子どもにとって意味のあることを常に念頭におきます。

4～5月の丸つけは，丁寧に！

　子どもとの出会いの4～5月は，書類関係も忙しいですが，ここは，絶対に気合いを入れて乗り切りましょう！

　まずは，宿題の丸つけ。4～5月は特に丁寧に！　漢字ノートの一文字一文字に，花丸や五重丸，三重丸を区別してつけます（もちろん，この方法で一年間続けてできる場合はやりましょう）。私は，6年生を受け持つときには，実行委員会制度を設け，何らかの行事の運営を子どもが分担して行うようにしているので，昼休みはその実行委員会指導の時間になります。そのた

め，休み時間になかなか丸つけができない日も多くなります。初めにしっかり丁寧に丸つけをしておけば，宿題を忘れずにそして丁寧に行うことが基本となります。

考えるノートを目指す

ノートは，黒板を写すことが目的ではありません。自分の考えを組み立てたり，学んで掴み取ったことをしっかり残したりしているものであってほしいと思います。だから，間違ったところには，何を間違ったのか，次はどうすべきか，というコメントや友達の考えでよいと思ったことを書き残すことを価値づけ，推奨しています。

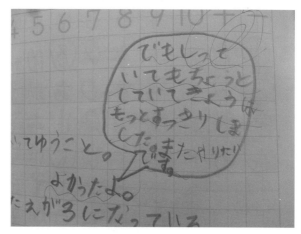

こうしたことはどのようなノートに価値があるのか，はっきりと教師が意識をもっていれば１年生でもできます。一人一人のがんばりをノートからも見つけ，花丸やコメントを入れると，１年生でも，教師の指示をじっと待たず，書こうと思ったときに，どんどん書いていくようになります。

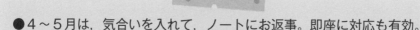

- ４～５月は，気合いを入れて，ノートにお返事。即座に対応も有効。
- ノートもコミュニケーションの一つと心得よう。

誇れる板書で絆が生まれる

授業は教師が与えるものではありません。子どもと教師，双方でつくっていくものです。その足跡が，板書です。ゆえに，構造的板書は大事だと言われます。板書には，子どもと教師のストーリーが香ってくるのです。

板書は，子どもと教師のストーリー

　これは，１年生４月の板書です。板書内の四角は，子どもがブロックをおいて説明した跡です。ブロックのおき方も，大人にとっては当たり前ですが，わかっている子どもとわかっていない子どもがいます。教え込むことはたやすいですが，授業は子どもと教師のストーリーにしたいものです。それが表れるのが板書です。

　授業の最後，１時間を振り返って，集団で見つけたことをもう一度個人に落とし込みます。そのときに，自分たちの考えがつまったストーリー豊かな板書を見て，感動や変容を感じることでしょう。それが，さらなる学びの定着と学習意欲の向上につながるのです。

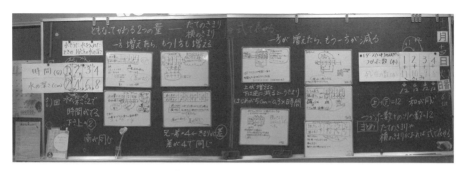

　上記の板書は，6年算数「比例と反比例」の導入の時間。普段の授業です。研究授業ではありません。私は，できるだけ自分の板書を記録に残すようにしています。そうすることで，その時間のまとめの掲示物をつくったり，次時への課題を見つけたり，自分の課題を見つけたりできます。この板書は，子どもの考えを大事にしようとするあまり，課題が見えにくくなってしまいました。その反省を活かして，次時につなげます。

　学年によって違いもありますが，大きく濃い文字で書くことは基本です。
　色についても考えて使いましょう。
　どんな学年でも教科でも，黒板に子どもたちの考えや思いが板書され，残っていることが大切です。授業は教師と子どもと双方でつくっていくものなのです。

●学びのストーリーが，板書です。子どもの考えや気づきがあふれる板書で，学びに自信を与えましょう。

授業参観のつくり方は，母目線で

> 教師が参観する研究授業と保護者が参観する授業参観は，その意味がまったく違います。「普段の授業を見せるのが授業参観じゃないの？」とおっしゃる方もいるかもしれません。とはいえ，普段の様子をより伝えるために，その構想が必要です。

やっぱり我が子が一番

　私自身，母としての我が子の参観日は，我が子ばかりが目に入ってきます。特に，小さいときはその傾向が強いです。親も，小学校の６年間を通して，親として成熟していくのです。これは，私の実感です。

　特に，新学年がスタートする４月，保護者は，「担任はどんな先生かしら。」「お友達となじめているかしら。」「授業に集中しているかしら。」など，心配が多いものです。他の子が発表していても，我が子の聞き方ばかりが目についたり，同じ幼稚園の○○ちゃんは，よく手を挙げているのにうちの子は……なんて比べてしまったりすることもあるのです。

４月の参観は一人一人に発表の場を与える

　４月の参観は，特に一人一人の活躍の場があるような授業を設定します。ただし，あまりにも一人の役割が大きいと，よくありません。まだ，クラスになじめていない子もいるからです。そのさじ加減が大切です。国語であれば，音読の発表会をグループごとに行ったり，他の教科ではよく発表できるような構成にしたりします。高学年でも同様です。例えば，６年でも国語の詩をグループごとに発表させたり，社会科で縄文時代と弥生時代を調べ，各グループで発表させたりします。

先生の「人となり」も伝える４月の授業参観

　子どもの様子だけではありません。４月の参観日，保護者は，我が子の担任はどんな先生かという視点も色濃くもち，参観するものです。先生が我が子を見てくれているか，やんちゃをしている子にどのように対応しているか，保護者のアンテナもびんびんに立っています。ですから，４月は普段の授業でも机間巡視をいつもの倍ぐらい行いますが，授業参観のときも何回も何回も子どもの中を歩き，声をかけていきます。

　誤解してはいけないのが，注意することを恐れないことです。保護者の目があるときにあまり注意をしては，いかがなものかと気を回す方もいるかもしれません。これは全く違います。明らかに悪いことであれば，それを指摘し，正しくきっぱり注意する先生の行動は，保護者に不信感をもたせるどころか，安心させるのです。もちろん，その表現方法や注意の内容は厳選しないといけませんが，あまりにもひどい場合は，しっかり目を見て子どもに届くように叱ることも，保護者の信頼につなげるために必要なことです。

　また，６年生を受け持ち，保護者も自分の子どもの様子をよく受け止めているような学年のときは，むしろ私の人となりを伝えることを重視し，自作の道徳授業を行ったこともあります。

学級懇談会のある参観日は，普段の授業を

　３学期までの間に何度か参観日があることでしょう。オープンスクールがある学校も多いと思います。普段の授業，特に話し合い活動など，対話的な授業は，学級懇談会のある参観日に行います。後で，どのような意図で授業を行っているか，普段の様子はどうか，保護者に説明できるからです。

　保護者はやはり，教師とは違います。授業を見せるだけでは伝わりにくい部分もあります。「あら，今日はうちの子に出番がなかったわ。」などと感じる保護者もいるかもしれません。どのような意図で，グループの話し合い活動を行っているのかなど，学級懇談会で説明を加えます。

最後の参観日は，子どもとクラスの成長を伝える構想を

　最後の参観日は，一人一人の成長と学級の成長を感じるようなものを設定します。1年間，いろいろありながらも共に歩んできた友達を保護者も認識できれば，それは親としての新たな喜びです。私自身，若い頃は我が子の成長だけが親の喜びと思っていました。しかし，我が子のおかげで，我が子の友達の成長や活躍も，本当にうれしく，「うちの子がよく話していた○○くんだわ。大きくなったなあ。」と思うこともありました。こんな風に親として思えると，日頃は忙しく悩ましい親業でも，「ああ。親になってよかった。」と思えるのです。保護者も，保護者として成熟できるようにするのが，学校の役目の一つであるように思います。地域の関係が希薄になった昨今，余計にその役割は大きいと感じます。だからこそ，最後の参観は，発表会を行うことが多いです。「あれ？　4月と同じじゃない？」と思われた方，その意味はまったく違います。4月は一人の役割が少ないものですが，最後の参観は一人一人の役割が大きいものにします。

　例えば，一人一人のスピーチ，一人一人役が決まっている劇などです。発表者を見守る子どもも保護者も一体感をもって，しめくくることができれば，最高ですね。

- ●出会いの参観日は，一人一人の出番と先生の人となりを伝える。
- ●2学期など，間の参観日は普段の授業を見せ，学校の方針を伝える。
- ●最後の参観日は，子どもの成長と学級の成長を伝え，子育てを応援できるものにする。

BREAKTIME

母は忙しいのだ！

私の教材研究
－視点と方法－

> 授業像を確立したとして，授業にどのように具現化するのでしょうか。「いったい教材研究は，どうやっているの？」という疑問に，お答えします。

まずは学習指導要領の書き起こし

　教材研究をするとき，若い先生方は教科書会社作成の指導書を取り出し，目標や授業の流れを参考にすることが多いように思います。

　また，今はネットを開いてたくさんの指導案を見ることもできます。

　しかしそれは，それを書いた先生のクラスの子に見合っているであろう授業です。指導書に載っているのも，指導書を作成したブレインたちの解釈を経た授業です。私たち教師が学習を指導する根本は，学習指導要領です。算数ならば，小学校学習指導要領解説算数編を必ず読みましょう。私は，授業公開をする単元の学習指導要領のページをくまなく読み込むために，大切だと思うところを書き出して自分なりにまとめています。まとめながら，目標とすべき児童像を確立させていきます。運動会の組体操を指揮するときは，運動会は学校行事ですので，体育の指導要領だけでなく特別活動の指導要領も読み込むのです。

　学習指導要領解説は，すばらしい書物です。ぎゅっとつまったあの文章には，読めば読むほど感心します。

違う会社の教科書を比較研究

　自分の学校で使用している教科書と，ほかの会社が出版している教科書とでは，単元の配列や内容の進め方が少なからず違うことをご存知ですか？違う会社の教科書を比較研究することで，共通して大切にしようとしている

点が読み取れたり，違う進め方をしていることから，求める児童像が違うことが読み取れたりします。例えば，算数5年の面積の進め方。平行四辺形から導入する教科書と直角三角形から入る教科書があります。これを見るだけでも，子どもの思考の進め方が違うのです。そこから，自分の学級の子どもたちには，どちらの思考が合っているのかと，考えるのです。

　これについても，私はすべて，ノートに書き起こします。単元の最初から最後まで書き起こしていくと，「あれ，これでうちの学級の子は，自分のこととして主体的に学習するかな。」「こんな子どもを目指したいな。」「この課題は，子どもにわかりにくいな。こっちの課題は子どもが思わず話したくなるような課題だな。」等と思います。常に自分の学級の子どもの顔を思い浮かべること，それが一番大切です。

さあ，自分の単元構想，授業構想を書き起こそう！

　学習指導要領を書き起こし，各会社の教科書を比較したら，そろそろ，ゴールの子どもの姿が浮かんでいるはずです。この単元を通じて，こんな子になってほしいな，という思いをもてているはずです。もっていないといけません！

　その姿は，知識や技能を用いる課題ができるというだけではいけません。知識・技能を習得する姿を，子ども自らが掴み取っていく姿として想像できないといけません！　それこそが生き方であり，生きる力となるのです。

具体的な授業づくり

　①何のために言語活動をさせるのか，何を言語化させるのかを考える
　②そのために，どんな課題を与えるか
　③有意義に動く授業にするために，教材はどうするか
　④全体で話し合う必然性を仕組む

　私は以上のような四つの視点をもち，本時の授業をつくっていきます。今回は，1年算数ひき算2の実践で，具体的な授業のつくり方を紹介します。

この授業での私の思いは，1年生が主体的に学習し，自ら話す児童をいかに育てるかというものです。

①何のために言語活動をさせるのか，何を言語化させるのかを考える
　くり下がりのひき算の単元の最後には，どの教科書にもひき算カードが規則的に並べられていて，その規則性を見つけるという学習が入っています。
　カードの並びのたてを見たりよこを見たりする中からきまりを見つける経験をさせ，関数の素地や数理的な処理のよさを味わわせたいです。そうすることで，数の感覚を豊かにすることにつながることを期待するのが本時です。本時の言語活動の場としては，級友の説明を聞き，その内容を解釈し，自分一人では気がつかなかったきまりを，説明を通して，大勢で発見する喜びを味わうことのできる場にしたいと思いました。
　私の思いはただ一つ。「1年生が集団で意欲を持続させながら，学習を掴み取っていく姿にする。」です。

②そのために，どんな課題を与えるか
　初めは，子どもたちに与える課題を，
「カードのならびかたを　かんがえよう」
にしていました。しかし，教材研究を進めるにつれ，
「カードのならびかたを　しらべよう」
にしました。
　「かんがえよう」を「しらべよう」に変えただけです。
　でも，これには大きな意味があります。「かんがえよう」であると，勝手に子ども一人一人が考えて，OKのイメージを個々がもち，集団で解決しようとする課題ではなくなると思ったのです。授業のイメージをより具体的に煮詰めていく中で，「しらべよう」とする方が，一つの考えに集団で迫るという授業像を子どもに与えられると思いました。
　一言一句にこだわる――その一文字で，子どもの思考の動きが変わるので

す。一言一句にこだわることのできる授業づくりを目指してほしいです。

③**有意義に動く授業にするために，教材はどうするか**
　課題は決まりました。では，そのための教材をどうしますか？　活動は？　与えるワークシート等は??

★１年生なので，ストーリーをもたせ，課題に引き込む

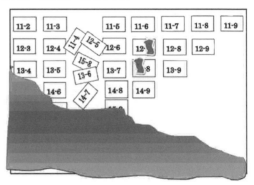

　「本学級のキャラクター『ぐうすけくん』が，ひき算カードを並べていたけれど，くしゃみをしてジュースをこぼしてしまいました。ぐうすけくんは，すぐ寝てしまう子です。昼寝をして並びを忘れてしまいました。みんなで解決して下さい。」というものです。

★どの数を隠すか，どんな活動させるか，意図をもって考える
　ひかれる数もしくは，ひく数をかくしたカードを数カ所つくり，そこを手がかりにたてとよこの並びを見たらよいという思考にもっていきました。
　次に，ばらばらになっている列を全員で解決し，たてとよこのきまりを使ってカードをならべることを経験させました。
　そして，ジュースでかくれてしまった部分（10枚分）だけ，カードを並べる活動をペアでさせました。集団の話し合いばかりでは，一人一人の考えが深化しにくいと考えたからです。時間的にも，子どもの力としても，10枚分だけに焦点をあてて考えることが有効であると考え，ジュースをこぼしてしまった部分を約下半分にしました。ここで子どもの学びを見取ろうとも考えました。また，ペア活動にすることで，ペア同士で話す様子からも学びが見

取れます。そのため，ペア活動としました。

★与える教材を吟味する
　上半分（ジュースをこぼしていない部分）だけ並べられたひき算カードを印刷して，ホワイトボードに貼り，各ペアに一つわたしました。そして，残りのカードにマグネットを貼って，子どもたちが考えるときに，ピタッと貼れるようにしました。落ちてしまうなどの無駄な労力を削るためです。
　そして，並べられた上半分のひき算カードも，枠線のないものにしました。その方が，子どもがよく考え迷うからです。難易度を上げて，より考えようという姿勢につなげました。

④全体で話し合う必然性を仕組む
　子どもたちは，張り切ってペアでひき算カードを並べます。
　しかし，封筒の中のカードをすべて並べても，規則性を元にすると，１枚足りないのです。
　「先生，１枚足りないよ！」
　「うんうん！　16－7のカードがない！」
　「え？　そうなの？　どうして，そう思うの？？　大丈夫って言っている子もいるよ。どっちだろう。みんなで話し合ってみようか。」
　問題解決学習では，グループで話し合った後，集団解決の時間を取ることが多いです。しかし，ともすると，ただの発表会，言い放しでだらだらとグループ発表が続くということもなきにしもあらず，です。
　意味のある集団討議にするために，教材に仕掛けをしました。迷うから集団で解決しようとする，わからないからみんなで話し合う，その姿があれば，熱量の高い集団解決になります。

力量を高めるには，実践あるのみ！

　研究授業の前には，放課後，教室で，一人で，もしくは同じ学年の先生方

に子ども役になってもらって，空（から）授業を行います。すると，また，もっとこうした方が子どもにわかりやすい，板書はここにこれを書いた方がよい等が見えてきます。

　このひき算カードの実践では，たてとよこのきまりばかりに子どもが着目して，裏の答えに意識がいかないことが気がかりでした。ひき算の授業である以上，計算をして答えに着目する場面が必要だと思いました。放課後，一人で空授業をして授業を煮つめていき，ふっと思いつきました。ジュースのシミのついたカードを全体で考えたあと，黒板に書くのではなくて，新しく白いカードにその式を書いて，「ひき算カードは裏に答えがあるよね。答えはなにかな」と投げかけ，カードをつくろう，そうすれば，裏に書かれている答えに踏み込んで考える子がでてくるであろうと……ドンぴしゃでした。「ここのカードの裏は，答えが9の場所，ここは答えが8の場所となっている。」という発表が出ました。その考えが，最後のカードが1枚足りないときの話し合いを収束させました。

　常に，「この発問なら，○○くんがこう言うな。○○ちゃんは，どうかな。」と，子どもの顔を浮かべながら授業をつくっていきます。

　それができるようになるには，実践あるのみです。

　100％満足のいく授業は，なかなかありません。だからこそ，授業はおもしろいのです。いつも反省点があります。その反省を明日に生かし，日々，子どもと共に授業をつくっていこうと，教師歴を重ねた今も思う毎日です。

●目の前の子どものことを考えながら，教材研究できる教師になろう！　そのためには，実践あるのみ！

正解ばかりを求めない，
ゴールの姿は遠くに描いて

> 私たち教師は，子どもに「できるようにさせたい！」と願います。ゆえに，正解だったときに，「よくできたね。」と結果ばかりを褒めがちです。もちろんこれも大切なことですが，家庭学習や塾の学習とは違って，学校の授業には，もっと大切なことがあるのです。

ゴールは正解することではありません

　インターネットでも豊富な知識や技能習得ができる今の時代，学校で勉強する意味は何なのでしょうか。人工知能が発達し，今ある仕事が近い将来には，なくなるかもしれないとも言われている昨今ですが，学校がＡＩに取って代わられることは絶対にありません。なぜなら，「ダイヤモンドはダイヤモンドでしか磨けない」のと同様に，「人は人にしか育てられない」からです。

　そのため，教科書に書かれているだけの正解を理解できること，または導き出すことが，学習のゴールではないのです。私たち教師が思い描かねばならないのは，将来をたくましく生きる子どもの姿です。心を開き，周りとしなやかに協調しながらも，自分の考えをもち，解を掴み取る，そんな姿です。

学ぶことは生きること

　もちろん，正解を導き出すことは大切です。知識も大切です。しかし，そこがゴールではありません。私たち教師は，授業や学校でのすべての教育活動を通して，子どもの生きる力を育んでいるのです。算数でも国語でも，道徳でも，もっと言うと，授業以外の掃除指導や掲示物にいたるまで，子どもの生きる力を育もうという意図的な教育活動を行うべきです。

　人は，一生勉強です。これは新しい時代だからとか，国際化が進むからとか，そんなことは関係ありません。

もちろん，これからの時代への危惧は大きいです。ですが，先人たちも，いつも発展を目指し，平和を目指し，新たなことにチャレンジしてきたからこそ今があるのです。小さなことでも構いません。社会に出て，仕事をし，そんな中で，苦労や予期せぬ出来事に苛まれながら，それを乗り越え，幸せをつくっていくのです。苦労して乗り越えて，でもそれ自体が幸せだと思える，そんな"人としての土台"を育むのが学校だと，私は思います。

　100点という結果はとれなくても，日々，邁進する自分を認め，「みんなで学ぶって楽しいな」と感じることが，私の理想の生き方です。

　幸せを築くことのできる力を，子どもたちに育みましょう。

●学ぶこと自体を楽しめる子を育む。それは，生き方につながる。ゴールできるできないかではなく，将来をたくましく生きる姿が重要。

COLUMN

私の恒例行事？

私の儀式

　なぜか，研究授業の指導案を書く時期になると，まずは，キッチンに行きます。食べませんし飲みません。何をするかというと……キッチンをぴかぴかにします。特に，ガスレンジ，レンジフードを鬼のように洗います。レンジ用液体洗剤が，半分ほどなくなるくらいです。学生のとき，定期テストの前になると，部屋の掃除をしてからテスト勉強をする，ということがありませんでしたか？　そんな感じです。掃除をしながら，気持ちを高め，精神を集中させていく感じ。そう，それはまるで，儀式のようです。

　私が勤めているのは，ごく一般の公立小学校ですから，１年に１度，研究授業をするかどうかです。毎年授業公開を行っている人の方が少ないかもしれませんが，私は，ここ10年ほど，毎年，研究授業で授業公開をしています。中でも，ある年は，研究発表会の授業だけではなく，県の教育委員会からの指定で，授業をビデオ化することになったので，ビデオ化のための授業として，３回の研究授業をしました。普通の研究発表会の授業もしましたので，合計４回。それにかかる指導案づくりもありました。

　まあ，そのたびに鬼のようにレンジを磨くものですから，その年の瀬は，大掃除でキッチンを磨かなくても済みました。不思議なもので，ちょっとゆったりできるときの方が，汚れています。なぜでしょうね。

ルー業界に感謝

　とにかく遅くに帰宅するので，カレーやシチュー等を鍋でつくりおきして

出勤することが多いです。我が家の納戸には，必ずカレーやシチューのルーのストックがあります。ストックがない，なんてことはありません。下の子は４歳ぐらいのとき，よく自作の歌で楽しませてくれたのですが，その名も「カレー食べ過ぎでしょ」という曲をつくって歌っていました。これがまた，いいリズムの楽しい歌でした。

　あまりのストックの量にびっくりしたのが，１年生を担任したときです。老人会の方をゲストティーチャーにした「昔の遊び集会」で，竹とんぼや独楽回しなどを教えてもらったのですが，その中に，割り箸鉄砲遊びがありました。石けんの箱を的にして遊ぶのですが，夏休みの倉庫整理のときに，間違ってその石けんの箱を処分してしまったのです。さあ，大変！　そう思って，我が家の納戸を見ると，カレーやシチューのストックが大量に……中身を抜き，すべてもっていくと，充分な数の的ができ，つつがなく割り箸鉄砲遊びもできました。おそろしい，我が家の納戸。

　我が子たちがお弁当の必要な年代になり，毎朝，おいしい冷凍食品に頼りながらお弁当づくりをしていますが，ここでもシチューは大活躍。今，お弁当箱も改良が進んでいて，スープポットとその保温カバーが売られています。これがよくできているのです。毎日，何らかのシチューやスープをつくり，お弁当に添えています。寒い冬には特にあたたかいスープがおいしいもの。今，シチューの種類もすごいですよ。また，中華スープの素，コンソメなど，手軽でいろいろな味のスープをもたせることができます。野菜もこのほうがしっかり食べますしね。どんぶり型のお弁当箱もあります。これもなかなか便利です。ただし，しっかりしたものでないと，汁がこぼれますので要注意です。忙しいときや朝が厳しい真冬のお弁当は，恒例のシチュー＆カレーで乗り切ります。

恒例儀式＆メニューで心も体も，すっきりしましょう。楽しましょう。

Chapter4

スタートが肝心!
1年生を担任するときの
ポイント

赤ちゃん扱いはＮＧ！

> この章では，小学校生活のスタートである１年生の担任になった際のポイントをまとめました。１年生は，どきどきわくわくして入学してきます。やる気に満ちている子がほとんどです。お家の人からも「１年生だね，がんばろうね。」等の期待の言葉を受けて入学してくるのです。

希望に満ちて入学してくる１年生

　１年生は，どきどきわくわくして入学してきます。やる気に満ちている子がほとんどです。お家の人も「１年生だね，がんばろうね。」などという期待の言葉で送り出します。もちろんその言葉とは裏腹に，心配を抱えている保護者も多いです。それについては後の項で述べるとして，「今日から，小学生！　お兄さん，お姉さんになるんだぞ」という感覚をもっているのに，あまりに小さくてかわいいからといって，何もできない赤ちゃんのように指導するのは，１年生の伸びしろを削いでしまうことになりかねません。

　かといって，高学年に話すように厳しく指示を出したり，受け止めたりするということでもありません。特に１年生の４月は，他学年より一層，一人一人をしっかり受け止めなければなりません。それには，確実に他学年の比ではなく，丁寧さ，あたたかさを要します。ですが，私たちは教師です。子どもたちを伸ばす役割があるのです。丁寧にあたたかく受け止めることと，赤ちゃん扱いすることは，別です。

去年までは，園の年長さんでした

　入学するほんの１ヶ月前までは，幼稚園や保育園の年長さんとして，年下の園児のあこがれの存在であり，頼りにされる存在であったはずの新１年生。きっと，園の先生方からも，もうすぐ１年生だから自立しよう，と教育を受けてきたはずです。そのような期待の言葉もかけられてきたことでしょう。

それなのに，小学校に入るやいなや，上級生からかわいがられ，それだけならまだしも，教師まで，「1年生だからできない」という前提で赤ちゃん扱いをすることもしばしばです。園でしっかり教育を受けた新1年生です。去年まで年長さんとしてがんばってきた子どもたちです。その成長を止めてはいけません。

6年生像をもち，1年生を育てる

　1年生は一人一人を丁寧にあたたかく受け止めなければならない，しかしそれを赤ちゃん扱いと同じにしてはいけないと述べました。もちろん，4月の対応と6月の対応は変わってきますし，変えなければなりません。教師が確固たる教育観をもって，子どもを育てないといけないのは，どの学年でも同じです。

　低学年では，いけないことをしたとき，叱ることがよくあります。しかしその後，こんな子になってほしいとお話する先生は，どれほどいるでしょうか。私は，今の子どもたちには，これが大事だと思います。背中で語る時代，何も言わなくてもわかってくれる時代は，どうやら終わっています。自分の好きな情報を好きなだけ手に入れられる時代です。我慢したり，物事の奥を考えたりする習慣は希薄になっています。ゆえに，単に叱るだけでは，叱られたこと自体はいけないとわかっても，同じようなほかの行動は抑えることができないのです。このようなことが高学年になっても起こっています。どうしてでしょう。「あなたの成長を願っているから叱っている」「こんな6年生になるために今，こうすることが大事」そんな言葉のシャワーを1年生から受けていることが，伸びしろをさらに伸ばし，成長させるのです。

●一人一人を受け止めつつ，6年生像をもって1年生を育てる。1年生も立派な小学生だということを心にとめておこう。

1年生は生命力に満ちている

小学校生活の基盤づくりの1年生。担任としては，"背すじピン足はピタ！"なんて学習規律だけに目が行きがちなことも……。"がんばりたい"と生命力に溢れる1年生です。担任の"しつけ第一主義"で，その自発性をおさえないでください！

1年生は，自分が一番！

　1年生は，自分の考え方が一番正しいと思っています。これは授業でも見られます。例えば，算数のひき算の方法で，どの方法が便利かたずねても，初めに自分でやった方法を選びます。生活の中でも，そのような考えで動くことが多いです。もちろん，就学前にも友達とのトラブルや公共の場でのマナーを教えられ，経験して育ってきていますが，なかなか実行できない子が多いのも，この時期です。

じっとしていない男の子

　男の子は，そのあり余るパワーをもて余している子もいます。じっと座っているのが苦手で，とにかく動いていたい子，誰よりも自分が一番でいたい子等，動のパワーで溢れています。
　そんな生命力に溢れている男の子に対して，叱ることは多いです。しかし，叱る指導ばかりでは，教師も子どももしんどいでしょう。だから私は，たとえ1年生でも，「その力をみんなのために使いなさい。」と言います。あり余るパワーを人が喜ぶこと，困っている人を助ける力に使うように言います。初めは難しいかもしれませんが，抑えきれないパワーを発揮する場を示し続けます。配り物や重たいものを運ぶお手伝いなど，活躍する場を与えます。

主体性を発揮する女の子

　入学式の翌日のことです。登校後，始業までは緊張して自分の席にずっと

座ったままでいることの多い１年生。立ち歩いている子なんて，ほぼ皆無であることが常なのですが，ある年の１年生は，女の子が二人，男の子の席のそばで何かやっているのです。ずっと見ていると，おそらく，園からのお友達なのでしょう。その男の子が，初めての小学校に戸惑い，何をしていいのかわからないようで，その手助けをしているのです。「手伝ってくれていたの？　ありがとう。」そんな言葉でスタートを切れたこの年，男の子の人数が女の子の倍ほどいる学年でしたが，しっかりものの女の子たちが，男の子に親切に関わり，スムーズに事が運ぶという場面が多くあったように思います。

　もし私が初めに「何をしてるの？」と，静止する気はなくても，そのような言い方をしていたら，席に座るというしつけばかりを重要視していたら，これらの子どものもつ力は発揮できなかったかもしれません。

がんばりたい！　という生命力で溢れているのが１年生

　男の子でも，女の子でも，「先生の期待に応えたい！」「親切にしたい！」「勉強もいっぱいできるようになりたい！」など，１年生はそんな思いや「生命力」に溢れています。こんなにも，生命力を発揮するものなのだと感心することが多いのも１年生です。その生命力を，１年生はしつけが第一という考えでおさえてしまうのはもったいないものです。学び方，人間関係の築き方，その吸収力はものすごいものがあります。生命力を受け止めながら，導いてあげましょう。

●「学びたい！」「親切にしたい！」「がんばりたい！」という思いに溢れる１年生。しつけだけに気をとられず，その成長を育もう！

メリハリと短文で，わかりやすい指導を

> 1年生を制する者は，全学年を制す。1年生がわかる指導は，他学年にもよく浸透します。

全体指導は，短文で指示

　長文で話すと6年生でも理解が難しい子がいます。1年生ならなおさらです。全体を指示するときは，短文で指示を促します。

　「一つ目，筆箱をしまいます。二つ目，クレヨンを出します。三つ目，茶色だけ出したら，お道具箱に戻します。終わったら先生に，終わったよという表現をください。言葉で言わなくても，いい姿勢と目線で先生に届けます。」

　「～します。」と言い切りの形の短い文で指示を出すことが基本です。
　作業が終わった後のことも指示に含め，動きの多い子の無駄な動きを防ぎます。褒める機会をつくるために，注意されるであろう行動を予測しておいて，その行動をさせない指示も入れておくのです。この場合，クレヨンを出すことまでの指示なら，その後，無駄なおしゃべりをしたり，クレヨンをさわって集中力が散漫になったりすることが予想されます。だから，作業が終わった後に，どうするかの指示も出し，「すごいね。できたね。」と褒める機会をつくるのです。
　また，机の上にクレヨンのケースが出ていると，必ずひっくり返す子がいます。故意にひっくり返したのでなければ，注意はおろか，嫌な顔もしてはいけません。でも，注目をひきたくてわざとひっくり返して落下させる子もいるのが，1年生です。その感覚は，大人の考えの範疇を超えることもあり，

そこに1年生担任は四苦八苦することがあります。作業の苦手な子やいたずらをしてしまう子を想定して，クレパスは1本だけ出させ，ほかは片づけさせる。そんな細かい指示も必要です。

感情を乗せて，厳しく，優しく

　道理を説くことはとても大事です。どんな人になってほしいかを，たとえ1年生でも，伝えて指導することは絶対に必要です。このような指導を重ねて大きくなった子は，叱られたときに先生の思いを汲み，自分を改めようと努力できる子になります。しかし，納得のいかない叱り方をされて育った子は，6年生になったときには，ただ叱られたときだけ「はい。」と言い，自分の成長につなげられないのです。そのため，1年生の頃から，「先生はみんなに成長してほしい」と発信することが大切なのです。

　とはいえ，説き伏せる指導だけでは，1年生の発達段階ではその子の心に届かないことがあります。大人の顔色を見ている部分が多いからです。だから，「人を傷つけることをする・うそをつく」など，人の道として外れたことをしたときは，感情を乗せて，思いきり叱ります。褒めるときも，本当に感激して褒めます。

「叱っていただいて，先生，ありがとう。」

　これは，あるお母さんからいただいた言葉です。生命力に溢れた男の子で，いつも動いている子でした。自分が一番でいたいという気持ちも大きい子です。友達をばかにする行為をしたことがありました。でも，はじめは必ず「何もしてない」と言うのです。明らかに状況は違います。問い詰め，状況を他の子からも聞いて把握しました。私は，感情をむき出しにして大声で叱りました。友達を傷つけたこと，うそをついたこと。

　このときに気をつけるべきは，周りへの配慮です。大声を聞くだけで，自分が叱られているような錯覚を起こす子も1年生にはいます。別の場所で叱る，もしくは，大声を出した後，「びっくりさせたね。がんばってほしいか

ら叱っていました。○○くんも正直に話してくれました。」など，クッションを入れます。

　さあ，あえて大声で感情を露わにして叱った後，この男の子はどうしたでしょう。泣きながら「ごめんなさい」を言いました。

　この子のお母さんにその話をしたら，
「この子が母親以外に叱られて泣いたのは，初めてのことです。それだけ，先生の一生懸命さが伝わったんだと思います。先生，叱ってくれてありがとう。」
と言っていただきました。

　だめなものはだめとしっかり叱ることも，とても大事です。

　しかしヒステリックに叱るのではありません。叱った後は，イライラしない。私は，切り替えを大事にしています。イライラするのと感情を表現して指導するのは全然違います。ただ，先生の権力に怯える子をつくってはいけません。その叱り方は，その子の将来につながっています。

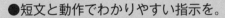

●短文と動作でわかりやすい指示を。
●ときに感情をぶつける指導も大事。でも人を育てる気持ちを忘れずに。

BREAKTIME

教室は間違うところだ，と言いつつ……①

読めない＆書けない1学期を乗り越える

> 読めない，書けない1年生の1学期。しかし，吸収力いっぱいのこの時期に，しつけだけ，教え込みだけ，なんてもったいないです！

1年生の1学期ってどんな状態？

　ものすごい伸びしろの1年生の1学期です。入学式には並ぶことすらできなかった子どもたちが，終業式には，何も言わなくても「前へならえ」をし，整然と並ぶ。先生に困ったことしかお話できなかった子が，授業で「みんな聞いてください！」とクラスで堂々と発表する。すごい成長が見られます。しかし，基本的にひらがなも読めない，書けない，かろうじて自分の名前だけは練習しているという段階です。

読めない，書けない1年生―課題に，どう取り組ませる？―

　生活科で，アサガオを育てて観察する単元があります。「ただのお絵描きではありませんよ。研究です。みんなは研究者になるのです。今まで，見てこなかったところを発見するのが研究です。いっぱい発見しましょう！」こう言ってスタートします。今まで見えなかったことを発見すると，お話したくなるものです。教師は，教室中をぐるぐる回りながら，発見を聞いていきます。ときには「ねえ，みんな。○○くんが，こんなことを発見したよ。」と価値づけます。

　外で観察をするときは，「はっけんのぽいんと」と書かれた画用紙を必ずもって行って，子どもたちの見える場所に貼るか，私がもって高く掲げます。「いろ・かたち・かず，さわったかんじ，まえとへんかしたところ」等です（これは，4年生の理科でも同じようにやっていました。見る視点を明らかにするのです）。

「はっけんのぽいんと」を中心に，絵が描けたら，教室に戻ります。絵は描けますが，まだまだ文章が書けません。そのため，どんどん私のところにカードをもってきて並び，順番にお話します。「このくきの色，よく見つけたね。」「うん！」「じゃあ，どんな気持ちだったか，マークを描いてね。」

　まだ文章が書けないので，楽しかったらにっこりのお顔，難しかったら真顔のマークを描くことにしました。「いっぱい見つけてすごくうれしいから，目をハートにしていい？」等，子どもたちはどんどんアレンジします。

　マークを描いてもってきたら，
「このマークはなんて言ってるの？　どうして目がお星さまなのかな？」
「いっぱい発見を見つけて，目がきらきらしてるの！」

　それを私が吹き出しにして書きます。もちろん，文字が書けるようになっても，必ずお話します。そしてお話しながら，赤で並線や花丸やコメントを入れます。「葉の数までよく見たね。」などと言いながら花丸をします。そうすることで，子どもへの評価となり励みとなるからです。時間をおいてからカードを返しても，子どもたちに評価は届きにくいものです。評価をすぐに返すことは，とても有効です。

文章力は会話力から生まれる

　お話をたくさんすることは，すべての教科に有効です。そこで感受性を養い，学び方を学んでいくのです。特に朝の会や生活の時間に「はっけんたいむ」と称して，スピーチ活動を通年で行いました。話すことが大好きになった子どもたちは，「あのね帳」も豊かに綴る子になりました。

●一人一人との対話が命。読めなくても，書けなくても，思いをもてる子を育てる。

学級通信は書きすぎない

> 学級の様子を伝える学級通信。楽しみにしている保護者も多いようです。しかし，意図と配慮をもってつくらないと，その効果は半減してしまいます。

やっぱり母親は自分の子どもを見てしまう

　私も娘をもつ母ですが，母としてこんな会話を聞いたことがあります。
　「〇〇ちゃんは，よく学級通信に作文とか載っているの。うちの子は全然載らないのよ。うちの子は，あかんわあ。〇〇ちゃんはすごいわあ。」
　素直な母の感想ですが，担任の意図は，あまり伝わっていないようです。
　学級づくりや授業づくりに邁進するこの私ですら，我が子が低学年のときは，我が子を中心に見てしまっていました。もらってくる学級通信に写真が掲載されていたら，「うちの子はどこかな？」，作文が載っていても，「うちの子は載っているかな？」という時代がありました。
　また，ママ友との会話のように「一部の子の作文ばかり」で，保護者の中には我が子と周りを比べるだけに陥ってしまったり，写真を掲載した場合には，写真の写りに指摘があったりすることもあります。
　「先生，いつも学級通信を楽しみにしています。ありがとうございます。」と言ってくれる保護者の言葉は嘘ではありませんが，その言葉に甘えしまってはいませんか？　比べられて傷いたり，教師批判を聞いて，胸を痛めるのは子どもです。では，どんなことを心がけていけばよいのでしょうか。

学級通信は親子の会話のきっかけ

　私の考える，学級通信を出すときのめあては，「学校での様子を知らせる」ではなく，「この通信をきっかけに，親子の会話になり，親も子も，視野を広げてほしい」ということです。親にとって我が子の活躍や成長は，何事に

も代え難い喜びです。しかし，それだけではなく，我が子の友達の成長や活躍も喜べたら，幸せは増えていきます。これは，私の経験でもあります。学年が大きくなる度に，周りの子の成長もうれしく，大切に思うようになりました。我が子との日々の会話の中で，「○○くん，すごく優しくなってん。」「今日の授業で，先生がね，……。」こんな会話がふくらみ，私に幸せが広がりました。

　お話をするのが苦手な子どももいます。低学年であれば，時間が過ぎると忘れてしまい，なかなか話せない子もいます。その突破口を開く手立てとして，学級通信を出すことを基本としています。

通信発行の際の具体的配慮

①作文や写真を載せるときは，必ず全員分を載せる
②全部を書かずに，少し余韻を残す
③イラストや担任の経験談で，和みのひとときを

　①は前述したように，教育関係者である私ですら，我が子の姿を探してしまうので，全員載せるという配慮をします。特に１学期はこの①を必ず行います。
　②は，例えば自己紹介をしたとき，それをクイズ形式にして通信にします。「いちごの好きな男の子は？」等，そうすることで，親子の会話につながると思うからです。③は，ちょっとした体験をイラスト入りで出します。教室のたわいもない一コマです。手書きやイラストで，保護者の目をひきます。

●すべてを書き尽くすのではなく，会話のきっかけになる通信を。お話できる子を育てよう。

保護者も１年生

「うちの子，お友達をつくれるかしら。」「いじめられないかしら。」等，特に，保護者にとって，初めて小学校に入学させる子のときは，心配やとまどいも多いものです。保護者も１年生なんです。

保護者も１年生

　１年生本人のやる気とは裏腹に，保護者は，多かれ少なかれ，心配を抱えています。集団の中で，子どもがどんな様子なのか，客観的に見ることが難しく，子どもから聞く内容だけで，主観的に解釈し，学校への問い合わせに至る場合もあることと思います。うちの子はうそをつかないと思っている人もいます。この時期の子どもは主観的ですから，うそもつきます。保護者も１年生なんです。そんな保護者も，小学校生活の６年間を通して，親として成熟していき，幸せを感じるものです。そこには，我が子の成長だけではなく，その友達の成長も喜べるくらいの視野の広がりと人としての成熟が待っています。そんな小学校生活のスタートが１年生。学校は，サービスを与えてもらう場ではなく，共に子どもを育てていく場であるという認識をもたらすことが大事です。

事実を明確に把握してから伝える

　素早く事実を把握し，病気やケガなどの事実は，迅速に保護者に伝えることが鉄則です。しかし，学校でのトラブルを伝えるとき，認識をかけ違うと大変ですし，サービスを受けるという感覚の保護者には伝わりにくいものです。トラブルを伝えるとき，①〜③のどの話し方がよいと思いますか？

①どうも□□くんは，お友達の声に耳を貸さなくて，それが原因でトラブルになるんですよ。お家でもお話をしてあげてください。

②○月○日の昼休みに，教室でカルタをしていたとき，札の取り合いになって，お友達に手が下の人が勝ちだから，□□くんは，手が上だからだめと言われて，お友達の言葉では，納得できなかったんです。お友達の声で納得できるようになることが課題ですよね。お家でもお話をしてあげてくださいね。

③○月○日の昼休みに，教室でカルタをしていたとき，取り札の取り合いになって，お友達に手が下の人が勝ちだから，□□くんは，手が上だからだめと言われて，お友達の言葉では，納得できなかったんです。けれど，少し時間をおいて，私が説明すると納得できるんです。こういった経験を重ねていきながら，お友達とのつながり方を習得させてあげたいと思っています。そうしたら，その1週間後の昼休みは，〜ができたんですよ。経験が大切だなあと改めて思いました。これからもよく見ていきますね。

　答えはもちろん③です。「事実を把握し，保護者に伝える」ということは大切です。①は，イメージで伝えています。②は事実を把握し，そこから子どもの課題を保護者に伝えています。でも，保護者に事実だけを突き返すように話してしまっています。保護者の立場で感じてみてください。事実もわかるし，先生の言っていることもわかる。しかし，心が重くなってしまいます。ショックで，もっと心配がつのっていきます。先述しましたが，保護者と教師は，子どもの幸せを切に願うという共通の願いをもっている同志なのです。その愛を，保護者と共に感じながら話すべきです。③は，教師の意思が示されています。先生が関わってくれている愛が感じられます。保護者もそんな愛に包まれて，集団の中の我が子を把握していきます。

●親と教師の最強タッグは，子どもも親も成長させる！　丁寧で愛のあるつながりをもとう。

１年生の学び方は，人生を変える

> １年生１学期の「伸びしろ」は，６年間の中で一番大きなものです。

伸びしろの大きな１年生

　伸びしろの大きなこの時期に，しっかり伸ばしてあげないといけません‼
　さらに，１年生は，お家の方の影響力が大きい時期です。だからこそ，素早い対応で保護者とつながっていくことが重要です。

素早い対応が，心を動かす

　ものの管理が苦手で，だらしないように見える男の子。提出物もままならない子が，どのクラスにもいると思います。ときに厳しい指導も有効です。ただし，「この子はだらしない子」とレッテルを貼っていませんか？　そのような教師の対応では，子どもは心を閉ざしてしまいます。「どうせ……。」そんな姿勢を身につけてしまいます。１年生とはいえ，保護者の責任ばかりにしてはいけません。「明日にはもってこられますか？　お母さんに自分で言うことも大事ですよ。言えるかな？」１日目は必ずこう言います。その後，１～２日待っても提出物が出なければ，連絡帳にメッセージを書きます。「○○が見当たらないんです。まだ一人で準備は難しいようで，お家の方も一緒に見ていただけるとありがたいです。」やりとりはこれで終わりません。提出物をもってきたら，「今日，提出できました。私が何も声をかけなくても，自分から提出できました。成長がうれしいです。」または，「まだ自分からは提出できなかったので，自分から先生のところにもってくるんだよと声をかけました。自立に向けて学校でもよく見ていきますね。でも授業中は，～することができたんです。」と伝えます。

保護者の方は提出物をもたせたものの，大丈夫かなと心配がつのるものです。学校の様子を伝えて，その上で，ちょっとでも成長している部分を見取って，伝えます。

人生を変える大きな「はじめの第一歩」

　ひらがながなかなか書けるようにならない，計算ができない，そんな子もいます。でも，1年生の学習内容を取りこぼさせるわけにはいかないのです。なぜなら，社会の基本だからです。1年生の学習は，IQがどうとかではない，生活そのものだからです。昔は，子どもを放課後に残して教師が教えるということもできました。今は，防犯上の面からも，個人を残すことはなかなか難しいです。それに，この一年，担任が関われたとしても，それはたかが一年です。「私が関われるのは一年。この子に一生関わることができるのは，お母さん（お父さん）。」です。今できる精一杯のことを共にがんばろう，そんな意味で，保護者の方にお話します。保護者の姿勢が変われば，子どもの姿勢も変わります。1年生の夏休み中に，ひらがなも計算もできるようになった子がいます。どれほどの努力をしたのでしょう。母の愛，父の愛に感服です。

　この子は，努力する才能を手に入れたのです。努力することは，人生の中で一番大切な能力です。「苦手だから……。」で済ませてはいけません。"やらなければならないことは，どんなにしんどくてもやらなければならない"という姿勢と基本的な学力は，中学校の学習，そして高校受験も支えます。努力する力を身につけた子は，大きな「はじめの第一歩」を得られるのです。

●「苦手だから」で終わらせず，努力する姿勢を促す教育は，保護者と共につくる！

人が本来もつ「母性」を存分に発揮して

> 1年生は,「先生大好き！」です。どんな叱り方をしても,冷めた対応でも,そっぽを向く子は,ほとんどいません。ただ,それでは成長の伸びしろが少なくなってしまいます。

先生大好き！

　1年生は,担任の先生のことが大好きです。日頃の対応が冷たくても,どんな叱り方でも,そっぽを向く子はほとんどいません。先生の言われたことが絶対だという発達段階なのです。

　どんな対応をしていても,どんな授業をしていても,子どもは1年後には成長します。特に1年生は,学校にも慣れ,たくましく成長することでしょう。ただし,教師の対応次第で,その子のよさを存分に伸ばすことができるかどうかが,変わってくるのです。いきいきとした生命力をもっている1年生は,輝いています。その輝きをくすませてはいけません！　普通の成長以上の,特別な成長は,その後の人生も左右するほどです。

一緒に思いっきり喜ぶ,楽しむ教師であれ

　「赤ちゃん扱い」はしないけれど,いっぱい褒めてあげてください。感動してあげてください。その教師の価値観を,言語化はできなくても,子どもは感じ,育ちます。もっとがんばろうと思ったり,学校って楽しいと感じたり……学校が楽しいと感じることは,社会を楽しいと感じることです。

　褒めるポイントは,結果ではありません。努力をしている行動,人のために何かをしようとしている行動を褒めます。

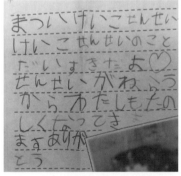

褒めるのも，本気で喜んであげてください。

そして，一緒に楽しんであげてください。笑ってあげてください。先生が心から笑っている姿は，子どもを安心させます。それによって，大人になるのが楽しみだと感じるものです。

母性を発揮して受け止めて

とはいえ，叱ることもたくさんあるのが1年生です。思いっきり叱ってあげないと，本当に悪いことが身に染みないのも1年生です。2回目，3回目とその指導が続くとき，「なんで，前も注意したのに。」と残念に思ったりイライラしたりすることもあります。それが1年生です。

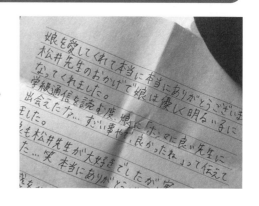

生まれたての赤ちゃんにも，性格があって，新生児室で泣く赤ちゃんの様子や泣き方も全然違います。もって生まれた性格は大きいものです。二度三度の注意でもわからない子もいます。受け止めてあげる，それが母性です。叱らなければならないことは，思いっきり叱る。しかし，イライラしない。ひきずらず，大きな気持ちで，包みましょう。

●思いっきり喜んで褒めてあげる。そして叱ってもイライラしない。あなたの母性を発揮しよう。

COLUMN

私がしたこんな失敗③

キャラ弁に気をつけろ！

キャラ弁は，ほどほどに

　我が子との時間より，学校の子どもと過ごす時間の方が長いかも，とすら思うくらい，仕事にのめり込む私。日頃の罪滅ぼしに，運動会のお弁当もさることながら，遠足のお弁当も気合いが入ります。

　娘が幼稚園のとき，キャラ弁にしてほしいというので，チャレンジしました。何でも熱くなる私です。キャラ弁の本を購入し，没頭しました。すると，なかなかのできで「かわいい！」と大好評。よかった，よかった。

　すると，次の遠足も「次は，○○のキャラにしてほしい。」またまた，気合いが入りまして，大成功。すると，次も……またまた次も。

　道具も増えまして，夫には「何をつくっている状況かわからない。」と言われる始末。私の手には，ピンセットに眉切りばさみ，カッター（もちろんお弁当用にしているもの）など，どう考えてもお弁当づくりというより工作の道具が握られる日々です。本当に，何をつくっているのやら。

　上の子のそんな様子を見ていた下の子に，保育園に入ると「私もキャラ弁にして。」と言われ，上の子が卒業しても，下の子が小学校で，足かけ10年続きました。本にないキャラもリクエストされて，ネットで探しては，トライ。我が子が大好きな担任の先生のキャラ弁もつくりましたよ。似顔絵です。がんばりました。下の子が小学校高学年になってくると，細かいところが見えにくくなり……がんばりすぎました。

　運動会は，勤務校も同じ日程であることが多かったので，我が子の運動会には出席できず，お弁当をお重にして母の愛だけ参加です。勤務校の運動会

もあるので，出勤時間も早いです。おじいちゃんおばあちゃんの分も人数に入れてつくります。睡眠時間は２時間，３時間ということもありました。
　それも，子どもが大きくなって終了しました。

　キャラ弁もお重づくりも，お弁当づくりに悔いはありません！

　キャラ弁に興味のある方，もしくは，がんばってつくっているママ先生方へ。キャラ弁をつくるとき，グッズがいろいろ売っていて，一通りそろえましたが，やはり，細かいところは，難しいです。お勧めのグッズを紹介しましょう。

　《キャラ弁お勧めグッズ》
・眉切りばさみは，細かいところを切りやすいです。
・のりは，パリパリしていると切りにくいので，そのまま出しておいて，わざと湿気を含ませます。
・ストローでチーズをくり抜いて，白目の部分にしますが，普通のストローでは，少し小さかったです。タピオカ用等，12〜15ミリ程度の太めのストローがおすすめです。コーヒー専門店などでおいしくいただいた後，洗ってもち帰り，ゲットしました。
・カッターは，ペンのようになっている細かく切る用のカッターが切りやすいです。

がんばれ，ママさん先生！　アドレナリンで乗り切ろう。
やれるときにやるだけやれば，後悔せずに済みます！

Chapter5

強みを存分に発揮して！
高学年を担任するときの
ポイント

明るさのシャワーで心を開かせる

高学年でも低学年でも，明るさが心を開かせることは同じです。シャワーのように，毎日，明るさを注ぎましょう。

高学年は，不安が大きい新学年のスタート

新学年のスタートは，クラス替えから始まる学校がほとんどです。教師も緊張しますが，子どもたちは，クラス替えも新担任にも不安や期待をもっています。特に，高学年になってくると，期待よりも不安を抱く子が増えてきます。

明るさのシャワー

大なり小なり不安を抱えてスタートするのが高学年です。そんなとき，担任の先生が思いっきり明るく笑顔でいたなら，不安な心が少し解けることでしょう。出会いの4月や朝は，声色を明るくします。声色を明るくする方法は，ボリュームを大きく，そして，1トーン高くします。

特に，女子の人間関係は，難しくなる頃です。毎朝，私の方から大きく1トーン高い声で「おはよう。」と声をかけ，近づきます。一人でいる子や暗いムードの集団に切り込みます。

親父ギャグの極意

学級通信の第1号は，担任の自己紹介号ですが，そこにイラストで似顔絵に「親父ギャグ言います」と添えます。まさしく親父仕込みの親父ギャグなのですが，そこここにちりばめます。場を和ませるのに最適です。受け入れられる土壌があるかないか，またそのような土壌を築くことも必要になってくるのですが，ほぼ，受け入れて笑ってくれます。どうしても反抗期でひね

くれている子も出てくるのが高学年です。さじ加減を工夫しながら，笑いを投入し，ほっこりさせます。

　将来は，会社などで，本物のおじさまたちと会話できなければなりません。免疫にもなりますよね。

明るさのシャワーは心を開かせる

　とにかく明るさを注ぎ，笑顔で関わります。そうすると，ミラー効果で，笑顔が増えてきます。そして，笑顔が会話を生み，やがて心を開くようになっていきます。まずは，一人一人に明るさのシャワーを注ぎます。おのずと子ども同士も許し合い，笑顔でつながっていくようになります。ただし，思春期の入り口である高学年は，そのようなよい循環にストレートに結びつかないこともあります。あきらめず，へこたれず，イライラしないで，心を閉ざしている子にも，さじ加減をしながら，明るく関わりましょう。卒業して数年後，「松井先生！」と遊びにきてくれた子，6年生でぶすっとしてなかなか笑わなかった子が，私よりぐんと大きくなった身長で満面の笑顔で訪れてくれることもあります。教育は愛。愛は無償。見返りを求めてはいけませんが，やはりうれしく，勇気をもらえます。今，あなたの思いが届かないように見えても，きっとどこかに愛は残ります。

●明るい担任のシャワーは，低学年でも高学年でも安心感をもたらす。

生徒指導は，細心の配慮を

> 自我が芽生えてくる高学年。その生徒指導には細心の配慮をし，子どもの可能性を伸ばすものにしたいですね。

細心の配慮

①一人にして対応するか，関わった児童を全員呼んで対応するのか
②いつ指導するか
③どこで指導するか

　生徒指導は，この3点について，よく考えてから指導します。すべて細心の配慮が必要です。
　高学年になると，友達の前で叱られるとプライドが邪魔して素直になれないことも多いです。子どもが一人になる瞬間を見逃さず，すっと近寄って場所も別にして，生徒指導をします。生徒指導という言葉を使っていますが，指導というより，児童理解をベースにおくことを欠かしてはいけません。内容によっては，関係のあった子をすべて集めて指導するときと，一人にして指導するときを見極めます。
　また，いつ指導するかも大事です。どの学年にも言えることですが，帰る間際に事情を聞いたり指導したりするのは避けましょう。すっきりした気持ちで家に帰るようにさせるのが鉄則です。子どもが訴えてきたのなら，充分聞いてスッキリさせてあげ，防犯上も帰路を共に歩き，送ってあげましょう。

あなた自身が納得できる指導をすべし

　もし目上の先生に「もっとこう指導しないと。」と言われても，自分で咀

嚼できない指導だったとしたら，後のしわ寄せは大きくなります。やはり，教師の気持ちのぶれを子どもは感じるからです。例えば，女子グループのトラブルがあったとして，男性教師は，白黒つけた生徒指導を促すこともあります。ですが，男性の思う以上に，女性の関係は，それはそれは複雑なものです。成人しても，シニアになっても，女性同士の関係には複雑なことがあるくらいなのです。

　それに，担任はあなたです。周りからのアドバイスは，あくまでもアドバイスであり，責任を負ったものではありません。起きてしまっている結果について，"たら""れば"等，やいやい言ってくるようなアドバイスは，スルー！　違和感を覚えるアドバイスもスルー！　さあ，自分をもって，関わっていきましょう。

　逆に，迷いに迷ったら，信頼できる人に複数で対応をお願いしにいきましょう。いくつになっても私はＳＯＳを出します。年下の同僚にも助けてもらいます。そんなしなやかさも，人の強さです。弱みを見せることのできる強さを，育んでいってほしいです。

●いつ，どこで，どのように指導するのか，細心の配慮で臨むべし。

女子特有の人間関係指標を察知せよ

> 担任が誰をよく見ているのか，同じことをしてもこの子は叱られないのに，こっちの子は叱られるなど，高学年女子の指標はかなり高いのです。

卒業作文より—「先生は平等だと思いました。」—

　卒業前に，ある女の子が「先生は平等だ」と作文に書いてくれたことがあります。率先して前には出ないタイプの子でした。でも，正しいことをよく判断できる女の子で，学年の半ばからは，いろいろな提案を学級にしてくれるようになった子です。

　とかく教師は，指導の必要な子やリーダー集団の子に関わりがちかもしれません。でも，なんとなく教室にいることのできる子たちも，よりよく関わりたいと思っているし，友達とも先生とも仲良くなりたいと心のどこかで思っているのです。

　「先生は平等」，それは，みんなを同じように愛してくれているということです。同じ量で関わっていることだけではありません。先生は平等と書いてくれた女の子が，他にもこんなことを書いてくれていました。

　「悪いことをした子にも，しっかり怒ってくれるけど，次によくなるように，信じてくれている。」

　叱った後は，すっきりと，笑顔になるように私はいつも心がけています。そんな小さなことも，子どもは見ているのです。

　叱るときも褒めるときも，雑談も，すべて子どもは見ています。感じています。低学年であれば，上記のようになかなか文章表現で伝えることはできませんが，必ず，細胞にあなたの教育観が染みています。

思春期の女子の友達関係

　いわゆる"仲良しグループ"。本物の仲良しとは違い，いつも一緒にいないといけない掟があり，また，誰かの悪口でつながりを保っていて，他のグループと関わらない，このような女子関係が高学年には見られることがあります。

　p.91で先述した明るさのシャワーは，このような影のあるグループにも存分に注ぎます。親父ギャグのシャワーもストレートに投げかけます。そこに，同じ女性としての経験からくる深い人生観，寄り添う優しさ，導くカリスマ性をプラスします。普段の会話や日記を通して語り，つながります。男子より精神年齢の少し高い女子は，授業の様子などからも担任の人間性を感じてくれます。懐は深いけど，あっさりとした女性像に，高学年女子は安心するのです。教師がクッションとなり，女の子同士の関係をつなげていきます。

ぶれない女性像を示すべし

　しなやかに周りと関わりながらも，確固たる考えをもち，一生懸命に教育に臨む姿。見ているだけで清々しい女性像。そんな教師に，高学年女子は心を開きます。女性教師だからこそ，高学年女子に示すことのできる姿があります。経験年数ではありません。あなたの清々しい生き方を，高学年女子に届けてあげてください。

●よく見ている高学年女子。だからこそ，教師の愛を感じてくれる。怖がらず，こちらから心を開いて関わろう。

教師も見た目が9割
－女子のファッションチェックを侮るなかれ－

> 観察指標が高い，高学年女子。やはり，見た目も大事です。

「先生，そのパンツ，流行のやつ！」

　見た目といっても，コンプレックスのない女性なんてほぼいません。ここで話すのは生まれもった容姿のことではありません。教師の身だしなみを子どもたち，特に高学年女子は見ています。ある修学旅行のとき，「先生，そのパンツ，流行のパンツ！　かわいい。」と女の子の反応。ちょっとした校外学習に，ストローリュック（麦わらの部分がある）をもっていくと，別のクラスの女の子が「先生，リュックかわいいね。」と反応してくれました。なんとよく見ていることでしょう。昨今，兵庫県の高学年は教科担任制になり，別クラスで教科を指導しますが，「先生の服，いつもかわいい。」なんて寄ってきてくれます。1年生でもこの状況は同じです。1年生を受け持つときは，小さな子を相手に，顔を下に向けることが多いので，髪の毛で表情が暗く見えることもあると思い，一つに髪を結んでいます。そろそろ慣れてきた2学期に，髪を下ろして教室に行くと，1年生の女の子たちが「先生，髪の毛下ろしているの，かわいい。」と言ってくれました。1年生の男の子は「なんか違うなあ。」と首をかしげていましたが……（笑）

男性教師だってファッションチェックされている

　素敵なおじさま先生たちは，着るものも素敵です。50代後半でも，かわいいTシャツだって着こなしますし，ふっと見ると，ポップで高級な靴下を履いていることもあります。「○○先生，かわいいですね。」と私が言うと，

「いやいや，子どもたちが喜ぶからね。」という答え。なんて素敵！　そんなおじさま先生たちからは，父性だけでなく，母性も感じられるほど，あたたかい心の広さが感じられます。男性教師は，高学年でも力でおさえられますが，威厳の力を出すのはここぞというときで，普段はあたたかな母のような眼差しを子どもに注ぎます。ゆえに，身なりも清潔でいて，ちょっぴりポップな着こなしです。

　子どもたちが，お母さんやお父さんに，きれいでおしゃれであってほしいように，担任の先生には，きれいであってほしいと思うのが小学生の心です。年齢や容姿は摂理に逆らえませんが，身だしなみは変えられます。

清潔感のある清々しい雰囲気で

　いくらかっこいい服装でも，いくらポップな流行を身につけても，表情や髪型など，清々しい雰囲気であることが大前提です。それは，人と関わる職業であればすべてに言えることではないでしょうか。さっぱりすると自分も清々しい気持ちにもなります。気持ちの切り替えがいるとき，とても忙しいときなど，精神衛生上もすっきりした服装をすることが私は多いです。

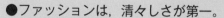

- ファッションは，清々しさが第一。
- 高学年女子は，ファッションチェックが心を開く手助けにもなる。

高学年男子には、「男」の指導で挑め

> 思春期に入り始める高学年。男子の特性が出てきます。

人生経験が男の子を「男」にする

　pp.94-95で先述した高学年女子の人間関係とは違い、高学年男子は、ケンカがあっても新しい関係をすぐにつくることができ、その友達関係も、成人し結婚しても続いていきやすいことが多いように感じます。女性は、結婚で姓が変わったり（もちろん男性も変わることがありますが、まだまだ、女性が男性の姓になることが多いですよね）、出産や子育てに没頭する時期があったりするので、疎遠になる時期がありました。今の時代でこそ、SNSが発達し、つながりやすい世の中ですが、なんとなく、男性同士の友達関係は、広く長く続くことが多いように思います。

　思いっきり殴り合いのケンカをしても、つながりを保てる男性の清々しさはうらやましい限りです。

　男の子は、生まれながらに父性をもっているわけではないように感じます。人生経験が、男の子を立派な男性にしていきます（その意味でも、若い男性教師には、プロ意識を高く、かつ、母性も身にまとい、懐の大きいベテラン教師に育ってほしいと強く願います。人生観が浅はかでも、小学生なら男の威厳でおさえてしまうこともできます。そして、そんな自分に気づかず、あたかもできるようになっていると誤解をするベテランもいます。どんな仕事でも然りでしょう）。男の子に対しては、女の子とは違った配慮で育てる部分も必要です。

「男」の指導で挑め

　ゆえに低学年の子に対峙するのと同じように，細かいことを言うばかりでは，心に入っていきませんし，男の子としても育ちません。その子のタイプにもよりますが，高学年男子同士のトラブルを指導するときは，「男」の指導で挑むことをお勧めします。

　まずは，口調は男っぽく。そして，まずは事実把握のため，状況を聞く。言いたいことを言わせる。その後は，注意すべきことを叱りますが，太く，低い声で話すことを心がけます。

　そして，最後に，「男」として，育つべき部分を述べます。「許し合えるのが男性のよさ。新しい関係もすぐに築くことができる。そんな大きな男性になってほしい。」というようなことを，出来事と絡めて話します。

草食系の影響？　女子化する男子の関係

　ですが，昨今，殴り合いのケンカなど，表出したもめごとをしない高学年男子も多くなりました。教師の目を逃れつつ，陰湿に関わる。まるでそれは，高学年女子グループのようです。これが厄介で，女子はその精神年齢の高さからこちらの関わりを理解するのですが，男子はなかなか汲み取れません。だから，事実を掴んで切り込んでいくしかないのです。専科の先生や他の先生方にも事実を掴んでもらい，連携して関わることが必要です。

●母性ではなく，父性を身にまとい，「男」の指導を。そして，高学年男子に，「男性」になっていく道を示す。

学級経営は，カリスマを身にまとえ
―承認・傾聴・導き―

> 確固たる考えをもって，凛としたスタンスで対峙しつつ，大きな優しさで包んでくれる。高学年の子どもたちは，そんなリーダーを待っています。

カリスマ性は，承認，傾聴，導きにあり

　カリスマ講師などという言葉が流行った時代がありました。有名大学合格へと導く予備校講師のことです。いったいこの人たちはなぜカリスマと呼ばれるようになったのでしょう。

　第一に，もちろんわかりやすい講義にあります。その話し口調，絶大な知識力，そして，的確に分析し点数をとらせる指導力。小学校担任としても，このような力をもっていれば，子どもを納得させることでしょう。わかりやすく熱のある授業をし，道徳的な価値観を誰しもに響くように話すことができる。そんな教師に，子どもは心を動かされることでしょう。

　しかし，私がここで申し上げたい担任としてのカリスマ性は，そのような一面だけではありません。上述したような立ち位置を確立するには，普段の生活の中で，一人一人の子どもに，傾聴する心，承認する姿勢が必要です。

　低学年では，思い切り褒めることが有効です。高学年になってくると，褒められればいい気持ちにはなりますが，褒める内容が体裁か本心か，鋭い嗅覚でかぎわけます。

　そこで，承認，つまり認めることが必要なのです。褒めることは認めること，さらに，認めつつ，次への一歩を具体的に示すことです。その内容で，教師の価値観と本当に認めてくれているかどうかを感じ取ります。

　また，自我が出てくるこの時期，少しゆとりをもって先生が耳を傾けてくれると，子どもはほっとしますし教師の人となりを感じ，その心の広さを見

出します。承認し傾聴しつつ，さらなる高みに導くのです。

それでも，うまくいかない場合は……

　家庭環境やそれまでの経験，さらに，一緒のクラスになったメンバーとのかけ合わせなどで，トラブルが続いたり，担任の思いが届かなかったりすることもあるでしょう。すっきり100％，何もかもパーフェクトにいくなんてことは，極めて難しいものです。

　冷静な分析力も，常にもっておきましょう。客観的な見方を1割程度は残すイメージです。うまく届かなくても，いつかその価値が花開くときがくる。そんな思いをもつことです。それでもしんどいときは，「仕事は，それなりの苦労があるもの。」と思いましょう。こんなときは，さっぱり割り切ります。そして明日への力に変えて，子どもに届け続けましょう。

　自分自身には冷静になることも，カリスマ性の一部です。

●褒めることは，認めること。子どもの声を聞きつつ，正しく明るい方へ集団を導く，強いカリスマ教師であれ。

感動の道徳授業をつくる

> 高学年は，授業のメッセージをしっかり受け止めてくれるものです。各教科の授業もさることながら，力のある道徳授業は，子どもの心をつかみます。

道徳授業の問題点

　ある年，道徳の時間を参観した教育実習生がこう述べました。
「私が受けてきた道徳は，何だかうそくさくて退屈だったけど，今日の授業は心に落ちてきた。」
　道徳的価値観を育てる道徳の授業。すぐに行動の変容には結びつきにくいものです。低学年では，読み物教材の主人公の様子に共感し，模範としようとする子も多いですが，高学年になってくると，道徳の時間は，正しいことを答える一方，国語と同じような感覚で受ける子も少なくありません。子どもの心の殻を脱がせ，一回りも二回りも大きくする手助けや導きを与えるファシリテーター的な要素が，高学年の道徳には必要だと思います。

力のある自作資料で，仕掛ける

　ドキュメント，ニュース，伝記，新聞記事……，これらは，私が手がける道徳の自作資料の素材です。もちろん道徳もカリキュラムが存在し，育てるべき価値観があります。それらを吟味して，自作資料に入れ替え授業をします。自分で情報を新聞やニュースからキャッチしたものもあれば，他校の研究発表会で参観したものや書物，ネットで学んだもの等を参考にし，必ず，自分の授業としてつくり直して行います。

工夫ある提示で，読み物教材にも説得力を

　上述した自作資料も，道徳の副読本にも載っている読み物教材も，電子黒

板，もしくはパソコンによる画面提示を用いて授業をすることが多いです。

最近のデジタル化は激しく，子どもたちの周りにはデジタル映像が溢れています。読み物教材の主人公に心を寄り添えない子や，状況自体が飲み込めない子など，課題を感じることは多いです。ならば，デジタル社会に育った子どもたちに合わせるべく，映像を交えて提示するのです。

読み物とデジタル資料を行ったり来たりしながら，子どもたちはその世界に入っていきます。状況を読み取る時間がかなり短縮され，その分考える時間がとれますし，自分と照らし合わせて考えることも容易になるわけです。

「先生。こんな道徳，したことない。」

ある年の6年生の女児が，道徳の授業後，私のところに目を潤ませながら寄ってきて，
「先生。こんな道徳，したことがない。」
と，胸一杯で，息を漏らしました。受け取る感受性は，育ってきた環境で子どもそれぞれですが，感受性が豊かで正義感に溢れ，学級を支えてくれるような子どもが，その生き方をこれでよかったと安心できたり，心がゆがみそうになっている子の心が，少しでも健康になった，そんな道徳にしたいものです。説得力のある道徳が高学年にこそ，必要だと感じます。

● リアリティーをもたせた道徳教材の開発で，道徳の時間を劇的に変えよう。教師のその情熱が，子どもを動かす。

宿題指導の極意
－宿題を通して，繋がる・耕す・把握する－

> 子どもから「どうして宿題をしなくちゃいけないの？」と聞かれたら，答えられますか？もちろん，その日の学習を定着させるためでもあります。しかし，宿題をしたからといって，できるようにならない子も多いのが現状です。

子どもにとっての宿題は，社会の責任を学ぶため

　宿題をしたからといって，100点がとれるわけではありません。高学年になると，何度やってもできない子，わからない子もいます。私は，「宿題は責任感を養っている」と子どもたちに話しています。社会に出たとき，頼まれた仕事をできませんでした，なんてあり得ません。もしくは，何らかの事情があるとして，知らんぷりしてすっぽかすなどということもあり得ませんし，あってはいけません。今の時代，ＳＮＳの連絡だけで会社を休むなんていうことも耳にしますが，そのような子をつくってはいけないのです。

　「お家の人が，一生懸命責任をもって仕事をしているように，あなたたちの仕事は，学ぶことです。社会での責任を果たす練習が宿題にもあるのです。だから宿題は忘れてはいけません。忘れたら，自分からその事情を先生に説明する。そしてどうするか言う。それが責任ということです。」だから，宿題は絶対提出です。しかし，子どもによっては，難しい子もいます。計算ドリルの20問に半日かかる子もいたりします。そんなときは，その子への配慮として，あらかじめやる問題に赤で丸印をして，その問題だけやればよいことにします。最近はこのようなことを合理的配慮というようです。責任を果たすために，責任を果たせる内容にし，絶対の提出を癖づけます。

教師にとっての宿題は，見取りである

　教師にとって子どもに出す宿題は，復習事項であり，学習が定着している

かどうかの見取りでもあります。そして，宿題提出が滞る子や文字が乱れている子は，その子の生活態度が悪化している表れです。生活態度の乱れが，友人関係のトラブルに繋がる子もいます。要注意です。

さらに，その一歩先へ―宿題で子どもと繋がる―

　私は，毎日，日記を課題に出します。慌ただしく子どもとの関係がまだ薄い４月は，週に１度，日記を課題にし，たっぷりお返事を書きます。子どもが１ページ日記帳に綴ってきたなら，それ以上にお返事を書くのです。子どもも不安が多いのが４月です。ですから，十分にお返事を書きます。繋がりをつくるのです。漢字ノートの指導も，かなり丁寧に行います。一文字一文字，花丸や三重丸などを入れて，「いいね」等のコメントも書きます。４月は，宿題を丁寧に，そして必ず提出することを徹底するのです。そして５月の半ば頃，いつもの軌道に乗り出した頃から，今度は毎日，日記を課題にします。放課後や休み時間の様子，その子の趣味・嗜好，友達関係等も把握できますし，何より，一人一人の子どもと毎日日記を通じて話し，その価値観を耕すことができます。毎朝，学校にきたら提出し，子どもが帰るまでに読みます。行事等で時間がとれないこともありますが，空き時間がある曜日等に，たっぷりお返事を書きます。ときには，悩みごとを書く子もいます。一人一人との繋がりを一番に考えて，この頃には，漢字ノート等，丁寧にすることが癖づいている子が多いので，他の宿題チェックの労力を減らします。

●宿題は，配慮をしながらも絶対に提出させ，責任を学ばせる。軽重をつけたチェックで，繋がり耕す宿題指導に。

子どもに訴えかける学級通信

> 学級通信は，低学年と高学年のそれでは，発行する目的を変えています。

子どもに訴えかける学級通信とは

　高学年では，保護者に向けてというよりも，子どもたちに直接語りかける口調と内容で，学級通信を発行します。共有したい道徳的価値は，話し言葉だけでは消えていくことも多いので，学級通信の記事にすることもあります。学級通信で可視化し，しっかり子どもたちの胸に残すためです。

　また，私は自分が保護者より年下のとき，何となく，保護者に向けての言葉で通信を書く際に書きづらい頃がありました。今となっては，保護者と同世代，さらに少し人生の先輩になり，保護者に，こうあるべきですと直接主張をする文面になってきましたが，若い頃は，気を遣うこともありますよね。だから，子どもへのメッセージとして綴り，それを保護者にも垣間見てもらうのです（とはいえ，理解をいただければ幸いですが，理解を得られない場合もあります。歪曲して伝わるリスクもあることを，いつでも胸にとめおきましょう。家庭環境は千差万別です。学級通信が弊害になるように感じたときは，通信を出さず，教室の掲示物にして可視化し，子どもたちに意識づけすればいいのです）。

高学年でも配慮すべきこと

　pp.78-79の低学年の学級通信の項で，「写真や作文は，全員分載せる」と書きました。高学年になると，保護者も小学校に慣れ，親としても成熟しているので，このような配慮を減らしていっても構いませんが，最近は，社会全体として，大人の未熟さを耳にすることがあります。保護者についても同

じです。学年によって，保護者のカラーもありますから，それに合わせて，配慮に軽重をつけてください。さらに，学年スタート時の4月，5月は，リスク回避の配慮事項を実行することをお勧めします。

　ママ友との井戸端会議でこんなことを聞きました。

　「先生は，学級通信には，いいことをいっぱい書いているのだけれど，子どもから聞く話と全然違うのよ。」

　子どもに語りかけるように通信を書いていると，こちらの熱量も上がり，入り込んで書き上げることもあるでしょう。いろいろな子が教室にはいます。少し冷静な判断を入れつつ，子どもに訴える文を構成しましょう。

　もっと言えば，学級通信は，私たちの本分ではありません。教育の核は，授業および全教育活動です。保護者は子どもを通して担任の授業に取り組む姿勢，教育活動を感じています。授業づくり，学級づくりを抜きにして，いくら学級通信で語っても意味がないのです。授業づくりが主菜とすれば，学級通信は香の物といったところでしょう。あれば，主食が進みます。彩りや食のリズムに変化がつき，うれしいものです。しかし，なくてもいいし，主菜が乏しいのに，豪華な香の物がついてきたら，まあそれはそれでうれしいですが，反面，私だったらそのコストを主菜に注いでほしいなあと思います。

　高学年の子どもは，学級通信を喜ぶことでしょう。たくさん出していることに満足し，学級通信神話にならないようにしましょう。教師は授業という心がけを忘れないことです。

●子どもに訴えかける学級通信は，学級経営に有効。しかし，保護者の理解も得られるように，普段の授業を大切にしよう。

「許す」心，それが愛です

>「6年生のこの時期に，こんなことをするなんて。」そんな生徒指導上の事案に直面することがあります。そんなとき，大切なこととは？

「今まで，こんなことはなかったのに。」と思わないこと

　「1学期ならともかく，3学期のこの時期に，こんなことをするなんて。」そんな生徒指導上の事案や学級の問題が起こることもあります。どんなにうまくいっていると思っていても，面食らうことが起こるときがあります。経験年数が増えれば増えるほど，このような感覚に苛まれるのかもしれません。
　どんなにびっくりするようなことでも，どんなに悲しい出来事でも，その子の成長がすべてなかったことのように感じないでください。子どもは必ず，伸びています。成長しています。たまに階段を踏み外すこともあります。もしくは，今まで見えなかっただけで，あなたの担任としてのアンテナが鋭くなり，子どもの様子をよく感じるようになったのかもしれません。明らかに驚くような事案があっても，まぎれもなくその子どもの成長はあるのです。
　そして，周りのがんばっている多くの子どもたちがいます。多くの子は，まっすぐ前を向いて，進んできたのです。その子の個人の学び，そして学級の学びは必ずあります。一つのことで，すべてを否定しないこと。まずはこれが大切です。

「叱る」。でも「許す」

　許すことは，愛することです。どんな子どもの状態も受け止める。このスタンスは，常に大切です。それは，学年の初めも終わりも同じです。
　「今」をいつも受け入れる人でありたいですね。
　それには，許すということも含まれます。許すといっても，悪いことをし

ていることをそのまま見逃すのではありません。子どもの行動にイライラしないこと，受け入れて次の指導を考え，与えることです。叱られていることも「愛されている」と本能的に感じる子がほとんどです。受け入れて，指導する。それって，やっぱり愛だと思うんです。

許すことで，あなたも許されることとなる

いろいろな家庭環境，教育環境で育ってきた子どもたちです。様々なことが起こって当たり前です。過ぎてしまったこと，自分の力で変えられないことを悩んでも仕方ありません。かといって，反省は大事です。ですが，反省すべきことと，否定すべきことは違います。子どもを愛して，次への一手を考えることは，自分のことも愛して，次への一歩を踏み出すことになるのです。愛は与えるほど，自分の負の感情からも解放され，自分自身も愛で包むことになります。反省と否定を区別しましょう。

- ●いつでも「今」を受け入れる。そして指導する。
- ●「許す」ことは，あなた自身が許されることにもなる。

BREAKTIME

教室は間違うところだ，と言いつつ……②

Chapter6

しなやかに たくましく! 女性教師の仕事術

保護者との人間関係のつくり方

保護者と教師は，共通の願いをもっている同志です。しかし，保護者と子どもの幸せについての価値がずれている場合や話の行き違いなどから，学校への不信感にいたる場合もあります。そんな保護者の視野を広げ，心を開くには，どうすればよいでしょう。

関西のおばさまから学ぶ，保護者との距離の縮め方

　関西のおばさま方のパワーはすごいものです。なんとフレンドリー，なんて親切。おばさま方は相手との距離をすぐに縮め，ひいては心を開かせます。このおばちゃんトークの秘技を学びましょう。

　まずは，第一印象が大切。明るく笑顔のあいさつが基本です。気をつけることは，**①大きめの声 ②１トーン高く ③相手の方に一歩，もしくは少し前のめりで踏み込む**ことです。これが基本の３箇条。初対面では，③の踏み込みを行ったときに，保護者は一歩下がることがあります。そこで距離感を探ります。自分から，少しずつ心を開いていけば，向こうから一歩も二歩もこちらに寄ってきてくれます。次に，共感的であること。これを示すには，話を聞いているときのリアクションが大事です。共感すべきところに，しっかり頷いたり笑ったりしましょう。ただし，間違ってはいけないのは，相手が謙遜したことに対して頷いてはいけません。我が子の短所を述べる場合には，首を横に振る。仮にその通りだとしても，頷かずに聞く。いくら保護者が言ったことでも，教師が頷くと，教師に言われたような錯覚を起こす場合もありますし，自分で言うのはよいけれど，言われると傷つくのが人間です。また，私は，位置関係も気をつけています。個別懇談会などの正式な話のときは，正面に座りますが，オフィシャルではない場で話をするときは，斜めに位置をもっていきます。教室にこられたのなら，椅子を膝と膝が90度になるようにおいて，立ち話のときは，少しずつ斜めに踏み込むようにします。これはコーチングの理論にのっとっています。正面対峙は，威圧感をもたらす

そうです。さらに，腕や足を組むことは拒絶を表すのでやめます。しかし，例えばあまりにマニュアル通りのセールスで，家や車など大きな買い物をしようと思いますか？　やはり，製品の品質がよければ，次は，セールスマンの人となりが大きく左右するでしょう。保護者とお話するときあまりにマニュアル過ぎると，保護者にとって淋しいものです。少し本音をのぞかせると，保護者との距離が縮まります。また，自分の失敗談など，雑談を交えたりすることも，心を開いてつなぐ鍵です。私は独身のとき，自分が小・中学生だったときの話をして，自分の母がこう言ってくれたというようなことを話していました。立場でつながるのではなく，人としてつながることも，ときには大切です。

教育相談は，60〜90分コースで

　生徒指導上の問題についてお話するときは，こちらの用件ばかりを言わず，とにかくはじめは聞きます。ずっと聞いて，保護者が言ってから，その言葉を使って切り込みます。60〜90分あれば，しっかり聞けます。だから，何かの相談のときは，60分以上かかるものと思っておく方がよいです。

　電話のときは，相手の顔が見えない分，言葉に気をつける必要があります。まずは，「今，お時間よろしいですか？」とたずねましょう。このような枕詞が大事です。さらに保護者は少なからず学校からの電話は，どきっとするものです。「ちょっと心配なことがあって」など少し前置きをすることもお勧めです。声のトーンも弱くしたり，大きくしたり変えて対応しましょう。語尾が強くなるのも，要注意。「〜でぇ，〜なんですけどぉ」といった感じの話し方は，威圧的な感じで耳につきます。

●まずはこちらが心を開く。しかし，デリケートな部分は，細心の注意を。

同僚との人間関係のつくり方

職場の円滑な人間関係は，よい仕事につながるし，元気になるものです。

雑談力を磨け

　職員室にお茶飲み場は，ありますか？　職員室の机の数が50ほどあり，狭く感じる私の勤務校でも，お茶飲み場はなくさずに，小さいながらも，そのスペースを確保しています。お茶を入れるために使う場でもありますが，若い頃，目上の先生に，
「このお茶飲み場でお茶を飲んで話すことが，大事。」
と教えられました。その通りだと思います。学年や立場を超えて，お茶を飲みながら話す。それは，自分を理解してもらうことにも，同僚を知ることにもつながります。

放課後は，必ず職員室へ

　子どもを帰したら，一度は職員室に降りてくることも大事です。最近は，学年会と称して，打ち合わせをするようになっているところも多いようです。私が同じ学年になった先生たちとは，「学年会」などと言わなくても，放課後は職員室で，次の参観はどうするかや，生徒指導上のことなどを，自然と話していました。「放課後は職員室に降りてくること」，その大切さも，先輩先生が教えてくれました。ぼやきと聞こえるようなことも，同僚と共感し合い，前に進む。言葉だけを聞くとぼやきに聞こえることでも，そこには，愛情がベースになっているのです。これこそが，同僚性です。愛情をもって，でも，普段の大変なことについては，聞いてもらい発散します。それが，明日への活力につながるのです。何でも「○○会議」とマニュアル化しなくて

も，つながり，話せる同僚性は重要です。これは，どんな職場でも同じだと思います。

子どもも見ている

そんな大人同士のつながりを，子どもも見ています。感じています。高学年だけではなく，中学年でもよく見ていて，殺伐とした人間関係に心を痛める子もいます。大人社会を垣間見て，言語化はされなくても，何となく感じとるのです。

逆に，先生たちが仲良く楽しそうであれば，大人になることが楽しみだと感じることでしょう。カリキュラムには表れないそのような教師の人生観，社会生活の過ごし方も，子どもは感じているように思います。

ゆえにもし，苦手な人と同じ学年になったとしても，自分も楽になりますし，子どもも見ていますから，フラットな感情で向き合うことが大事です。

- ●雑談で同僚とつながろう。
- ●大人の社会生活の過ごし方を，子どもも感じている。

お局様・殿様先生との人間関係のつくり方

> 中には，手の内をあまり見せてくれない先輩先生もいるかもしれません。どこか批判的に物事を見ていて，若手がやることもそんな風に見られているようで，何となく，気になる……。そんなときの対処法を考えましょう。

甘え力

　人間関係をつくる上で，大切な自己開示の力，それが甘え力です。これは，正しく甘えられる姿勢から始まるのではないでしょうか。仕事をしていく上で，悩みが出てくるのは当然のことです。悩んだら，正しく甘えましょう。
　でも，正しく甘えるってどういうこと？
　何か悩みごとがあったとき，もしくは，普段，ちょっとしたことがわからないとき，あなたはどうしていますか？
　ちょっとしたことがわからないときの方が，割と自分から周りに聞ける人が多いかもしれません。そこがポイントです。人には，プライドがあります。鎧のようなものです。だから，ちょっとしたことは聞けても，本質的な悩みは聞けなかったり，ちょっとしたことですら，年齢を重ねるとなんだか聞くのが恥ずかしくなったりしてしまうこともあるわけです。
　鎧を脱ぎましょう。
　すると，その心の開示が，周りの助けにつながります。これは，人によっては勇気の要ることです。だからこそ，正しく自分から甘えられる人は，自立も促されているのでしょう。つまり，悩みを自ら素直に打ち明けることは，強い自分をつくっていくことなのです。

個と個でつながれ

　校務分掌の中で，自分よりも目上の方がほとんどなのに，主担当を任されることもあります。体育部長，特活部長，研究主任などが若手に任されるこ

とも多くなってきました。職員会議では，部を代表して提案をします。部長にならなくても，運動会のダンスや組体操，競争演技などを中心になって指導する役割に当たることも多いでしょう。

　会議で提案し，みんなで検討してつくっていくのは，本筋です。正論で，マニュアル通りです。しかし，その会議で急に提案すると，先輩の先生からのご指摘ですべて白紙になったり，会議を終えて物事がスタートしているのに，途中で急にストップがかかったりして，考え直さなければならないという事態に陥ることもあるようです。もちろん正しいご指摘で，だからこそ，事態はストップするのです。

　その逆に，若手がもっと練ってから提案すべき状況のこともあります。指導の段階に入っているのに，見通しをもたず，思いをもたずして，活動を行い，空回り，ということも。

　ゆえに，会議で提案する前に，指導に入る前に，先輩の先生方に聞いて回るのです。「個と個でつながる」のです。部会がどうとかは，関係ありません。先輩の知恵や経験は，すばらしいものです。放課後，職員室の席で，お茶飲み場で，教室に赴いて，質問し悩んでいることを打ち明け，いろいろな先輩の意見を聞くのです。と同時に，自分の思いも伝えられます。

　自分からたくさんの人に質問できるということは，思いや見通しがあるということです。また，思いや見通しをつくることができるようになります。苦手と感じる人にこそ，あらかじめ聞きにいき，意思疎通を。

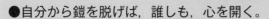

- ●自分から鎧を脱げば，誰しも，心を開く。
- ●提案の前に，相談が大事。それには，思いと計画性が必要。

ケンカは女を下げる
－言いたいことは公の場で笑顔で－

> あなたの中にいる「感情モンスター」。マイナスの感情であなたを支配し，我を忘れさせます。そんなモンスターに負けないでください。

マイナスの感情は，職場ではNG

　仕事は憂鬱で当たり前。数々の壁ができるものです。授業で失敗した，学級経営がうまくいかない，保護者から理不尽なクレームがあった。落ち込むことは山ほどあります。中でも，同僚や目上の先生と意思疎通がうまくいかないときは，かなりしんどいものです。「なんでこんな言われ方をするの？」あなたの中の感情モンスターが顔を出し，思わず，泣き出し，叫びたくなります。ですが，ちょっと待って！　仕事場で，マイナスの感情をさらけ出すことは，あなたの「大人」としての品格が疑われます。あなたが女性なら，「女性の品格」が下がってしまいます。女性は，感情に飲まれやすい，そんな世間の見方と相まって，「ああ，やはり。」などと思われます。感情モンスターに飲まれてはいけません！　世の女性諸君！　凛と生きましょう！

言いたいことは，公の場で，笑顔で

　そんなとき，私は冷静であることを心がけます。「え？」と思うときはまず，冷静であれ。いくら逆風がふいてこようとも，理不尽な言われようをされようとも，「感情モンスター」になってはいけません。感情の波に飲み込まれては「感情モンスター」になってしまい，浅はかな人格に成り下がってしまいます。代案を言わない同僚や先輩の言うことは放っておきましょう。俯瞰して，愛情のないアドバイスと感じるものは，ただの自己顕示欲の現れ，とでも思っておきましょう。

あなたの言い分は，時間をおいてから発信することをお勧めします。しかも，内容によっては，会議でしっかり自分の意見を述べるのです。公の場で，勝負です。そのような内容でない場合は，誰かがいる複数の場で，笑顔で意見を言います。これは，女性に限って当てはまることです。男性は，理不尽なことがあったら，たまには怒っても構いません。それが男性のよさです。さっぱり怒ることができます。怒ったあとも，関係の修復をすぐに取れるのも男性のよさ。やるときはやる人だと，見直される場合もあります。女性でどうしても今，返さなければいけない場合は，感情モンスターに飲み込まれないで笑顔で意見を言いましょう。

保護者からのクレームには

　クレームという言い方はあまり好ましくありません。保護者も悩みをもち，相談にくるのが当たり前。それを何もかもクレームとくくるのは，いただけません。ただし，中には，理不尽なものもあります。そして，「感情モンスター」化している保護者もいらっしゃいます。これはなにも母親に限ったことではなく，今や，父親も「感情モンスター」化する時代です。感情に対して感情ですぐに返しては，絶対に事態は好転しません。まずは，冷静さをもちましょう。何もわからないことをすべて謝る必要はありません。謝るべきことについては，素直に率直に謝ります。しっかりと誠意をこめて。しかし，事実としてわからない事柄については，冷静に受け取ります。事実を確認する旨を申し渡し，後日，もう一度お話します。時間をおくことが大事です。

●「感情モンスター」には，冷静に対処。ときには，きっぱりと意見を述べることも大事。そのときは，笑顔を添えよう。

保育園のお迎えがある

－だからこそ仕事は段取りよく－

> 我が子が大きくなっても，家庭の仕事も止めどなく沸いて出てきます。それに，年齢が上がれば上がった分，しなければならない仕事も増えていきます。私の仕事の段取りをご紹介します。

仕事の優先順位

```
1位  人と連携をとらなければならない事柄（とにかく何をしていても，
     すぐやめてすぐ聞く耳をもって動くべし）
2位  差し迫っているもので，全体に関わるもの（会議の提案事項な
     ど）
3位  個人の仕事（丸つけなど）
```

　第2位のあたりで，だいたい18時となり，自身に子どもがいる場合は，ここでお家の順位との兼ね合いが入ってきます。我が子のことを最優先にしましょうね。

　心がけとしては，後にできることは後まわしが基本です。でも，苦手なことは，心持ち早めにとりかかると後が救われます。しかし，楽とまではいかないので，覚悟が必要です。いつも何かに追われていて当たり前と心得ておきましょう。

ノートや観察カードは，授業の中で即コメント

　生活科の観察カードや授業ノートのチェックなどが，たまってしまうことはありませんか。私は，授業中にできるだけチェックをします。低学年であれば，カードが完成した子から教卓にもってこさせ，一人一人と対話をしな

がら，チェックします。カードに書かれていることに「ここがいいね。」と言って丸をつけたり，書けていない子には「どう思ったの？」とたずねてつけ足したりします。これは，丸つけを早く終わらせるためだけのことではありません。個々に話し，即座に評価することで子どもの力になるのです。高学年であれば，授業の振り返りを書き終わった子から前に出て読むようにしています。聞いておけばしっかり読まずともあらかたのチェックはできます。書けない子には，発表を聞いて同じだと思うことを探して書くことをアドバイスします。子どもにとって意味のあることを常に念頭におきます。

忙しいときに限って，家庭も忙しくなるから……

　学年初めや成績表作成時期は，かなり忙しいものです。そんなときに限って，我が子が熱を出したり，家の予定が入ったりします。「神様は私を試しているの？」なんて思うこともありました。できるだけ時間を省けるものは省きます。例えば，教室の掲示物。『掃除当番表』という掲示物等は，毎年同じです。パソコンでつくりラミネートしたものを10年以上使い，子どもの名前の部分だけをつくり直しています。教科で使った掲示物もおいておき，同じような指導のときに使用します。物語文の感想など，ここぞというノートの評価は詳しく文章で残します。放課後にちょこっと，座席表に日々の出来事を書き残すのも有効です。具体的に書いておくと，保護者対応のときにも役立ちます。本読み大会などの発表会は，その場で文章評価を残して成績や所見は慌てません。

●優先順位をつけて，仕事をこなす。何もかもすっきり片づくことはないものと心得よ。

「ねばならない」から解放されよう

> 女性としての「ねばならない」，主婦としての「ねばならない」，教師としての「ねばならない」——たくさんの呪縛から解放されることは，あなたの精神を支え，仕事の能力も高めます。

結婚だけがすべてじゃない

　結婚適齢期と呼ばれる時期があります。私はたまたま結婚していますが，結婚しなければならないとは，思いません。我が子には，結婚してもしなくてもどちらでもいいと言っています。結婚しなければ，自分の時間が多くもてます。仕事に没頭したり，趣味をもったり，様々な時間の使い方ができることでしょう。それが，また仕事に活かされるものです。そして，あなたの中に眠っている母性や父性は，教師として子どもに対するときに存分に発揮すればいいのです。

　結婚はご縁です。しなければならないものではありません。時間とお金を自分のために使い，見識を広げ，その人生観を教育に発揮すればいいのです。

家事の時間は，私が決める

　「洗濯物は朝，干さなければならない。食事の後，すぐに洗い物をしなければならない。買い物は，夕方に済ませなければならない。食事は手づくりでなければならない。」

　私の母は専業主婦で，しかもかなりやり手の主婦でした。いつもきれいなリビング，きっちり整理された引き出し。食事は，いつも主菜にプラス３〜４品。居心地のよい家こそ教育と考えている母です。新婚時代，私もそんな風にしなければならないと思い，努力していましたが，あるときとうとう「できない！」と泣きわめいてしまいました。

　家事の「ねばならない」は，自分で自分に呪縛をかけているのと同じです。

先輩の先生が，「ホコリで死なないよ。」と言ってくれ，ほっとしたのを今でもよく覚えています。

　洗濯は真夜中。電化製品の力も借りる。買い物は，24時間スーパーへ。子どもが寝てからでも行けます！　食事は，しんどいときは，外食へ。母が笑顔でいることが子どもの幸せと，考え方を変えました。

仕事は学校で……なんて無理！

　私にとっては，仕事が趣味と断言できるほど，大好きな教師という仕事です。手を抜くことができません。学校で完結させることなんて無理です。ゆえに，家を職員室化しました。家事の電化製品だけではなく，ラミネートやシュレッダー，Ｂ４プリンターなどもそろえ，家を職員室のようにしました。今日，しなければならないことは，真夜中にしますが，明日できることは明日へまわします。とにかく健康にさえ気をつければ，何とかなるものです。

●「ねばならない」は，自分で自分にかけている呪縛。
●できることをできるときにすればいいと，自分を解放しよう。

朝は忙しいからこそ，一工夫

> 我が子が小さいときは，保育園へ送り，大きくなってからも急に「お母さん！ ○○が要る！」なんて言い出すし，朝ご飯やお弁当の支度など，主婦の朝は忙しいものです。

黒板をウェルカムボード風にして

　主婦の朝は，尋常じゃない忙しさです。就業開始時刻ぎりぎりに出勤という日がほとんどです。5時半には目覚ましを鳴らし，お弁当づくりなどをこなしていくのですが，いつもバタバタの毎日です。

　だから，放課後，次の日の朝の連絡を教室の黒板にかいておきます。ウェルカムボードのように，子どもへのメッセージやイラストもかきます。低学年なら，人気のキャラクターを添えて。高学年なら，今日学んだことのメッセージも添えて。高学年になると，教師に代わりメッセージやイラストの部分を子どもがかいて帰ってくれるようになります。教師からのメッセージもよいものですが，子ども同士のメッセージは，余計に心に届くようです。

スマホは強い味方

　主婦は，朝だけではなく，一日中忙しいものです。家庭の予定も，把握，運営しなければいけないし，学校でも責任ある立場になってきて，研究主任や学年主任として，計画・運営しないといけません。頭の中は，パンパンです。

　ふと，我が子の予定を忘れてしまうこともありました。だから，カバンの中には，A5サイズのファイルに，我が子の学校行事や習い事の予定のプリントを入れ，確認できるようにしていました。夏休みは，家族用の動静表をつくったこともありました。今は，スマホや携帯電話という便利な代物があります。我が子の学校行事予定表は，すぐにスマホでパシャッと撮り，写真

で保存します。すぐに取り出せるようにメモ機能に反映します。また，スマホのスケジュールにも入れておきます。通知機能を使って，数日前に通知を入れておけば，完璧です。絶対に忘れてはいけない予定は，ホーム画面においておきます。

　ＳＮＳ機能を使えば，学年打ち合わせも可能です。グループトークに，本日の大事な予定を入れておけば，朝の打ち合わせが短時間で済みます。

家庭での工夫

　繰り返しになりますが，「お母さん，○○が今日要るの。」と，朝になって言い出す我が子。そんなことは多々あるものです。だから，必要になりそうなものは，余分に買って引き出しに入れておきます。名前ペン，スティックのり，鉛筆，消しゴム，赤ペン，ノート各種，墨汁，絵の具の赤・白・黄・青。文房具用の引き出しをつくっておいて，そこに必ずストックをしておきます。また，図工や生活科等で要りそうなものもためておきます。トイレットペーパーの芯，プレゼントのリボン，箱，ビーズやボタン等，収納用ボックスに，どさっとためておきます。

　また，我が家の小道具ボックスには，お楽しみ会や学校行事，家族でテーマパークに行くときに使えるようなグッズを入れています。100均でサンタクロースの服や帽子はすぐに売り切れるので，見つけたときに買っておいてこのボックスに入れておきます。

●朝の予定は，前日に用意。また，スマホで予定管理と打ち合わせもできる。

すきま時間にアイデアの神が降りてくる

忙しいときに限って我が子は体調を崩すものです。また，自分自身も体調不良なんてことも……。何かを一段落させてから次のことにとりかかる，なんて考えようものなら，思い通りにいかない状況にイライラするばかりですよ。

忙しくて仕事に手がまわらない，というときは，逆転の発想で乗り越えよう

「ねばならない」から解放されたら，次は，仕事とプライベートを分けるのをやめましょう。家事に育児，我が子が大きくなっても習い事の送迎など，いつも母は忙しい！ シングルの人は，自分の家族に頼られもするし，一人ぐらしも何かと忙しい！ 何かを完了させてから仕事をするとなると，時間が足りないで，イライラしてしまうものです。そこで逆転の発想です！ 仕事と家庭を分けません。すると，何かをしているすきま時間に，アイデアの神が降りてくることもしばしばです。家事や用事の合間に仕事をするのです。授業のアイデアや学校行事のアイデア等，ふっと降りてくる瞬間があります。テレビやネットを見ながら，「この発想，授業で使える！」とか，「この歌，替え歌にして６年生を送る会で使おう」とかひらめくのはもちろんのこと，習い事の送迎の車の中で我が子を待っているとき，アイデアの神はバンバン降りてきます。ノートとペンは手放せません。今でこそ，スマホやタブレットがありますから，そこへアイデアをためていけばよいのです。かくいうこの文章も，病院の待合室で考えています。「母が忙しいときほど，我が子が熱を出す」のは，セオリーです。どこでも，アイデアの神のお導きがあるときには，それに添えるように，メモを用意しましょう。

我が子は私の名アドバイザー

今の流行りや若者の感覚を知りたいと思うとき，ネットやテレビで情報を収集してキャッチし，活動に役立てます。不易の部分を大事にしつつも，世

の中の流れを取り入れる流行の部分をキャッチし教育に活かすことは，子どもの意欲を生み出します。流行の曲やダンスを知っているというだけでも，クラスの子どもとの会話が弾みます。その一番のアドバイザーは，我が子です。

　私の服装や髪型にもいろいろと注文をつけてくれます。もっとこうした方がいい，と。おしゃれに気を使う担任の方が，子どもが喜ぶという自論からです。

　それだけではありません。我が子の率直な声は，教師としての自分を省みる機会になります。中学になった頃，「毎日，ぞうきんをきれいに並べているけど，先生はそんなこと知らないだろうな。前で活躍する子ばかり見ている。」とぼそり。そうか，そう思ってがんばってくれている子がうちのクラスにもいるはず。できる子と手のかかる子の間にいる，普通の健気にがんばっている子どもを大事にしてあげたい，そんな風に思いました。あるとき，「いい学級をつくるには，先生だけでもだめだし，子どもだけでもできない。先生と生徒と両方でつくっていくものなの……。」と話したことがありました。その通りです。教師の感覚を超えているようなこの言葉に驚き，我が子の成長を感じました。また，そのように育て導いてくれた恩師がいたことに，感謝の気持ちでいっぱいになりました。

　仕事に家庭を利用しているのではありません。私の見識が変わる機会となっているのです。教師は，その人生観が教育観と直結する職業です。家庭と仕事を分けようとしないで，自然にどちらの自分も自分として受け入れ，日々をつくっていくことをお勧めします。

●仕事と家庭を分けない！　すきま時間に降りてくるアイデアの神に忠実であれ。

忙しすぎるメリットは，
くよくよする時間がないこと

ここまで話すと，「なんて忙しいの！　家庭と仕事と両立なんてできない！」なんて感じている方もいるかもしれません。でも大丈夫。なせばなるのです。それに，そもそも，両立って何でしょう？

忙しいからこそ，ラッキーなことも

　仕事で落ち込んだり悩んだり，悲喜こもごもの毎日です。相当，ショックなこともあります。しかし，いったん自宅に帰れば，私は主婦であり母です。急いで夕飯の支度をして，洗濯物を片づけて，我が子の宿題を見る等，家の仕事が襲ってきます。それが実はラッキーです。悩んでいる暇がないのです。とにかく動くので，悩む時間がありません。

　とはいえ，何もかもそれで忘れるわけではありません。悩むべきことが，焦点化されていきます。悩みが濾過されていく感覚です。自分の反省点を明確にし，これからどうすればよいかという，悩むべきことについてのみ悩めるのは，忙しい主婦ならではかもしれません。

　それに，何といっても，我が子の笑顔が何よりのエネルギー源です。子の笑顔さえあれば，私の不幸なんてどうでもいいと思えます。また，夫の「別にええやん。どうもないわ。」的な客観的な一言も，楽にさせてくれます。夫の存在は，私の安全地帯。世の男性のみなさん，パートナーの気持ちに寄り添ってあげてください。忙しくて，体が二つあったらいいなんて思うこともあるけれど，だからこそ，喜びは２倍になるし，悩みは半分になるように感じます。

　シングルであれば，趣味の時間や友達との時間をもち，悩みを濾過する時間をつくればよいのです。

両立なんてそもそもないと心得よ

　そもそも家庭と仕事の両立ってなんでしょう。私は，どちらも立派になんてできていません。夫は，ゴミ捨て，洗い物を役割分担してくれていますし，休みの日は，台所に立ってくれます。お好み焼きと餃子はパパの味です。おじいちゃんおばあちゃんもいっぱい助けてくれて，なんとかやっていく毎日です。思春期の我が子と対立することもあります。学校では客観的にとらえ，おおらかに接することができるのに，我が子になるとだめなんです。そんなとき，おじいちゃん，おばあちゃんや夫という居場所に子どもは避難しに行きます。そうして，守られていることを実感している我が子たちです。

　仕事は仕事で，時間的に制限がありますから，「もっとこうしたい。」と思うこともあります。そこは，優先順位をつけて行いますから，できるものとできないものとがあります。できることをできるときに思いっきりやる，そんなスタンスでやっていくしかありません。

　スーパー主婦でもなければ，スーパー教師でもないのですから，両立できているとは言えないのです。そもそも両立なんてないのです。できることに邁進するのみ。それしかありません。

夢と希望を胸に進むべし

　だからといって，あきらめているわけではありません。人生は楽しいことだらけです。忙しくなればなるほど，新たな楽しみが出てくるものです。たまにある不幸は，自分を省みるきっかけで，次への扉を開く鍵を増やしたと思えばいいのです。そんな人生を楽しむあなたの生き方を見て，クラスの子どもたちは，大人になることを楽しみにすることでしょう。

●忙しければ忙しいほどに，悩みは濾過され，新しい力となる。

謙虚と自信のさくらんぼをいつも胸に

自信は人と比べるためにあるものではなく，謙虚さは，自分を卑下するためにあるのではありません。あなたを幸せに導く，謙虚と自信のさくらんぼを紹介します。

世界は，素晴らしい

　8年前，職場を去っていく管理職の先生から，送別会でこんな言葉をいただきました。
　「先生は，人の上に立つ人となりをもっている。明るさとその笑い声で，あなたは子どもだけでなく，大人もひきつける魅力がある。自信をもちなさい。」
　そして，つけ加えてこうもおっしゃいました。
　「同性からのやっかみや嫉妬もあるから気をつけなさい。」
　完璧な母親になんてなれない，完璧な教師にもなれない，時間的にもいっぱいいっぱいで，いつも誰かに助けられている。先輩や家族だけではなく，後輩たち，子どもたちにもどれだけ助けられていることでしょう。だからこそ，感謝の気持ちでいっぱいです。
　自信と謙虚さは，相反するものではなく，さくらんぼのように二つともぶらさげてこそ，価値があり，素敵なのだと思います。
　今の私が，若い頃ほど不安ではなくなってきたのは，この年月が私を強くしたからです。人からどう思われるか，人からの評価を気にするのではなく，自分がどうしたいのか，自分の思いを大切にし，自分がコントロールできることに邁進する。そこを貫いてきたことで，自信がもてているからです。
　人のやっかみや嫉妬は，感じないようにします。感じても，自分がコントロールできない他人からの批判は，冷静さをもってスルーします。私は，子どもたちを育てたい，平和に貢献できる人間に育てたいという思いがあるからです。そして，若い先生方を守りたい，理不尽な「感情モンスター」に心

身をやられないように私が守ってあげたいからです。バラ色の教師人生にできるように，私のノウハウや思いを伝授したいと思っているからです。それは，日本社会への貢献になり，平和へとつながるものと信じています。
　また，守りたいと関わり続けていると，実は，自分が守られ，育てられてきたことに気づきました。私が守っていると思っていた後輩たちは，実は私を守ってくれています。私が育てていると思っていた我が子は，母を超え，母を支えてくれる存在になっています。あなたが見るものがあなたの世界を構成し，あなたのものの見方や考え方で世界は変わっていきます。いつも妬んで，誰かのせいにして進むのか，凛と自分をもちつつ感謝を見つけ，進んでいくのか，あなたの見方で世界は変わります。
　もちろん，女性だから大変，と思うこともいっぱいあります。けれど，女性だからこそ，いろいろなものを感じ，幸せが何倍にもなっているとも思うのです。
　あなた自身を開放しましょう。明るい方へ，羽ばたかせましょう。謙虚にものごとへの感謝を見つけつつ，自分のまっすぐな思いに自信をもって進めば，軽やかで満たされた心が広がっていきます。今，どうしようもない壁にぶつかっているあなたも，きっとそれは，少し休んだらいいよ，のサインと思ってください。ひと休みしたら，あなたの素直な心を感じてください。人は，よりよくなりたい，と思うものなのです。許す心はあなた自身を許し，感謝する心は，あなた自身を勇気づけます。どうしようもない壁は，新しい世界への扉となり，開いていくことでしょう。人生は，幸せに満ちています。そんな社会を子どもたちに感じさせてあげましょう。

●謙虚，感謝，笑顔で，人や仕事の懐に入っていくことができるのは，女性だからこその力。男性でも，そんな思考を掴めば本物の力となる。あなたの幸せを掴む力を信じよう。

COLUMN

モンスターに攻撃を受けた時のパワー回復法！

へこんで，立ち直って，新しい明日がやってくる！

　だいたい人がへこむのは，人間関係です。とにかく，どうしようもなくへこんでしまったとき，どうしますか？　私の対処法は……

①とにかくいっぱい飲むか，いっぱい汗をかく
　ちょっといいビールやワインをいっぱい飲む。そして，寝る→忘れる。
　もしくは，スポーツジムで汗をかく。そして，寝る→忘れる。
　忘れるといっても，すべて忘れるわけではありません。自分がコントロールできないような部分は忘れて，要(かなめ)だけに削ぎ落とすのです。自分が行動できることだけに集中できる状態にします。って，飲みたいだけかな。

②我が子の笑顔はパワーの源
　これが一番パワー回復できる方法です。もしくは，若いときは，実家でゆっくり……でした。子どもも大きくなり，私も"それなりに大人"になった今は，家族（夫）に話すことが増えました。とにかく，家族（または友達もしくは恋人）の存在を感じることです。人間関係の悩みは，人間関係が補ってくれるからです。

③へこんだ次の日こそ，動く！
　パワーを回復しつつ，「攻撃は最大の防御」ということで，授業や学級会など，新しいことにチャレンジして動きまくる。とにかく動きまくる。

自分のことを誰かが悪く思っているんじゃないか，陰口を言われているんじゃないか，そんなことを考えていても，それは，自分ではコントロールできません。そんなことは，ほっておけばいいのです。自分がコントロールできることに集中し，動く。気にするエネルギーを自分が行動できることに変換します！

④ぶっちゃける！
　この動く段階に入ったのなら，もっと周りに甘えましょう。一人で考えてらちがあかないことも，誰かに話せば，アイデアが生まれることって，人生には満載です。話している間に，自分で自分の解答を見つけているのだけれど，それは，自己開示の力がある人がそのチャンスをものにでき，道が開けていくのです。いっぱい甘えましょう。
　「こんなことがあって……」腹を割って話せたら，自分も乗り越えられている証拠です！　そして，絶対にヒントをもらえます。特に学校の先生は，教えることが好きでその仕事についたのですから，いっぱい教えてくれます。
　職歴が20年以上経ってもわからないことなんていっぱいあります。私は，先輩にも後輩にも聞きまくります。あなたから垣根をとって，開いていける人になりましょう。「悩んでるんです……」ってね。
　若いときは「甘える力」，歳を重ねたら「ぶっちゃける力」で，人間関係は和んでいきます。だいたい，自分が心を開かないでいたら，相手が心を開いてくれるわけがないのです。立場を守って話しても，人は心を動かしません。人は人としてつながると，心が動くのです。そのスタンスが身についていけば，同僚や，保護者の方や地域の方，どんな方とも，和やかな人間関係が築けるはずです。

> 飲み会も大事です。ぶっちゃけトークは，人をつなげ，やる気スイッチをオンにします。

Chapter7

こんなときどうする？
女性教師ならではの
お悩み Q&A

どっぷりヤング世代のお悩み

Q1 「子どもがいない先生に指導ができるんですか」と保護者に言われてしまいました。

A1 聞く力と共感力で，保護者の懐に入っていきましょう。子どもの幸せを願う気持ちは一緒です。

❀ 担任だから見えること

　見出しの言葉とまではいかなくても，どっぷりヤング世代は，「保護者の人に信頼してもらえるには，どんな力をつけたらよいのだろう。」「保護者にアドバイスする勇気がない。角を立てずに話をし，子どもをいい方向に導くにはどうしたらいいの？」など，保護者との関係を意識する悩みが，悩みの代表とも言えるでしょう。

　かくいう私も，初任の家庭訪問では，「先生，新任ですよね。」という言葉からスタートしました。信頼されていないんだ，と私自身，このような悩みをもちました。そんなとき，養護教諭の頼れる先輩先生からいただいた言葉が，今でも忘れられません。「担任は，あなた。担任として，毎日を一生懸命見ているんだから，そこは自信をもったらいい。」その通りです。担任だからわかること，見えることがあります。ただ，保護者にアドバイスのような言い方でお話すれば，角が立ちますし，説得力がないのも事実です。では，どうすればいいのでしょうか。

❀ 聞く力と共感力

　アドバイスができなくても，同じ女性として共感できる部分があるはずです。まずは，保護者の言い分を聞いてあげることが大事です。相談にこられた場合や問題行動があったときの懇談は，先述したように60〜90分コースと心しておきます。私は，自分が独身のときは，自分が学生のときの経験を話したり，母や先生から言われて救われたことを話したりしました。教師とし

てのわきまえは大事だけれども，線を引いてお行儀よくなりすぎるのも「先生はわかってくれているのだろうか」と保護者を不安にさせます。家庭訪問や学区内で出会ったときなどは，チアフルに，自分からオープンにしていくと，懐に入っていけます。もちろん，距離感は大事ですが，あまりにマニュアル通りは，さみしいものです。

事実を詳細に把握し，保護者の言葉とつなげる

　子どもをしっかり見取り，記録を残しておきましょう。日付と時間も詳細に残しておくことが大事です。問題行動は，事実は述べますが，その子の性格などの原因まで急に触れることは絶対にNGです。こちらが思っていることを保護者がおっしゃったなら，その言葉を使って事実やその子の課題を伝えます。例えば，持ち物のトラブル。親は自分の子どもが物を盗ったとはなかなか言いません。でも，保護者が「この子は管理にゆるい部分がある」と言ったとしましょう。その言葉で，その子の課題に迫ります。「ゆるい部分があって，他の子の物を自分の手元でもったままにしたことは，この子の課題ですよね。」と伝えるのです。時間をかけて対応しましょう。

普段の授業も子どもから伝わる

　新任のとき，つたない授業だったはずですが，とにかくいろんなスタイルにチャレンジしていました。すると，隣のクラスの保護者が，「いろんな授業をしてくれる先生だ」と，話してくれていたようで，それが回りまわって私の耳に入ってきました。普段の授業や人となりも，子どもから伝わります。それも保護者の信頼を掴むものとなります。

どっぷりヤング世代のお悩み

Q2 高学年男子との関係のつくり方で悩んでいます。彼らの懐に入っていくコツは？

> 距離感を探り，男の指導で臨みましょう。

A2

◈ 男の指導を持ち合わせる

「母親？ お姉さん？ 親父？ どんな感じで接すれば一番うまくいくのか，悩む。」など，女性として，高学年男子とのつき合い方は，難しく感じる一面もあるようです。女性としての細やかさが，時に高学年男子には，煙たがられることもあります。

また，女子は生まれながらにして母性の部分があるのに対して，男の子は，生まれながらにして父性の部分は感じられないことが多いです。男の子は，経験を通して男として育つように感じます。男の子は，男として育てなければならないのです。だから，男の子には男の指導で臨むことを第一に考えます。少しくらいの行儀の悪さや身の回りの整理整頓のできなさは大目に見ますが，人として過ちを犯している部分については，厳しく叱ります。このとき，低い声，短い文で，きっぱりと，ときに男っぽい口調で叱ります。その後で，男だからこそ築ける友人関係や認めあえる関係を説きます。殴り合いのケンカをしても，それを通してわかり合える男の子同士。それこそ，男のよさです。済んでしまったことをくどくど言わない。しかし，人として間違っていることは，ここぞというときにびしっと叱る。そして，あるべき男同士の関係を指し示す。教科書通りのようなケンカ両成敗では，心に響きにくい高学年男子。男の子として育つ道しるべを，男っぽい声色と口調で示します。

🖋 新型男子問題

　しかし，最近の男の子の中には，ちがった状況があります。まるで高学年女子のように，ストレートにぶつからずに陰湿化していることもあるのです。日本社会の傾向もありますし，家庭やそれまでの教育の影響もあります。さらに，高学年女子なら精神年齢が高いですから，言葉での指導やこちらの愛情や思いも汲み取り，ある程度よい方に変化しますが，この新型男子は精神的には未発達で，直接的な指導しか伝わりにくいことも……。こちらの思いや人としてのあるべき姿を獲得しにくいのです。叱られた事実についてはわかるけれど，同じような種類の悪いことをする。根本にある自分の非を認めることができないから，さあ大変。

　そんなときは，距離感をとりつつ，指導を変えます。高学年を受け持ったことのある人ほど，あなたの中にある経験値を捨てましょう。5年や10年の経験なんてないものと思いましょう。20年を超える経験だって惜しみなく捨てます。その新型男子に合う指導に変えます。事実を把握し，指導に生かします。そのためには，この子たちに関わる全教職員に，自分から発信し，生徒指導上で問題だと思われる事実を掴むようにお願いして回ります。事実から指導を行うように変えるのです。

　ですが，忘れてはならないのは，周りの存在です。どんな新型男子がいたとしても，周りで健気にがんばる子どもたちは存在します。正しい子を守る，周りを育てる，いつでも，目の前の子どもたちに合う指導を探ります。

　それが一番よい方法がどうかは，すぐにはわかりません。ただちに好転するわけでもないかもしれません。しかし，この子たちが成人したときに，よりよい大人になっていること，今は実を結ばずとも，いつか，その花が咲き，実を結ぶことを願い，人を育てるということが大切です。忘れられるのが当たり前なのが小学校教師と思って，距離感は探りつつ，あきらめず，関わり続けましょう。

どっぷりヤング世代のお悩み

Q3 今の勤務状態で結婚・出産・育児をする自信がありません。

> 結婚も出産もご縁です。自信ができてから結婚している人なんていません！ **A3**

🌿 今の勤務状態が続くものではありません

　経験の少ない間は，何にも時間がかかるものです。成績づけも日々の教材研究も時間をかけているのでしょう。成績表作成などの忙しい時期には，休日出勤し，仕事をこなしている人も少なくないことでしょう。

　例えば，成績の所見。初めはどうやって書いてよいのかわからず，クラス全員の所見を書くのに，一週間かかっていた人も，経験を重ねていくと，日々の記録などを要領よく残しておいて，所見としてまとめるのは１〜２日で完了できるようになってきます。丸つけや日記のコメントなど，スピードは格段に上がっていきます。

　自分の時間としてすべての時間を使えるからこそ，余計に時間をかけてしまうという説もあります。逆に，結婚や出産で，忙しくなるからこそ優先順位の選択を迫られ，見なくてよいものは見ないで進めることもできるようになるのです。

🌿 忙しいからこそ，悩みが濾過される

　繰り返しになりますが，忙しすぎるメリットは，悩む暇がないことです。若い頃は，時間がある分，悩みが頭から離れないことも多いのだと思います。家庭をもつと，仕事は仕事，プライベートはプライベートと切り替えられます。忙しくて，悩んでいる暇がなくなるのです。また，どんなに大きな仕事の悩みも，家族の健康や幸せの方が大切で，仕事の悩みは，この世のすべてではなくなるのです。

だからといって，悩みが消えるわけではありませんが，時間が解決していく悩みもあれば，悩みが濾過されるように，自分ができることだけを考えることができるようにもなります。今の勤務状態にプラスされるというより，忙しいからこその相乗効果が生まれ，プラスに働くことも多いです。

そもそも「できる自信」なんて物事を始める前にもつことはない

仕事面も同じではないでしょうか。色々な役職を命じられたとき，初めての経験に，自分ができる自信なんてもってひき受けることはありません。私自身が研究主任を命じられたときも，できる自信なんてまったくなく，でも，やるしかないから勉強しながらがんばってその役職を担ってきました。立場が人を育てると，人はよく言います。

結婚や出産も同じでしょう。自信ができてから結婚や出産をするものではないはずです。どちらもご縁です。結婚して必ず子どもに恵まれるわけでもないですし，子どもに恵まれるということは，奇跡的なことで，当たり前のことではないのです。有り難いご縁に感謝して，進むべきでしょう。

その立ち場になれば，見えてくることがあります。何とか越えていけるものです。怖がらないで，進むべきです。

ちょっぴりミドル世代のお悩み

Q4 結婚したので子どもがほしいです。低学年を希望していますが，このまま低学年希望を出し続けてもいいのでしょうか。

後悔しないためにも，率直な希望は出すべきです。3年を目安にしましょう。 **A4**

結婚適齢期はないけれど，出産適齢期は存在する

　結婚もご縁なら，出産はもっとご縁です。不妊治療などの医学は発達していますが，女性の体のことを考えると，初産は，25歳から35歳までが適齢期と言われていますし，体力的なことを考えても，個人的な見解ですが，40歳までの出産の方がよいようにも思います。

　繰り返しになりますが，大丈夫。仕事は後からいくらでもできます。今，一生懸命やっている仕事の経験は，ちゃんと「経験貯金」としてあなたの中にたまっていますよ。

　私の受け持った学年を初任から並べると，3年→5年→6年→5年，ここで結婚。結婚した次の年は，2年担任。そして翌年，1年担任。ここで一人目を妊娠しました。ゆえに，翌年も2年担任で産休へ。1年間の育児休暇後，2年担任として復帰し，ここで，異動となりました。

　異動してすぐに1年担任→4年担任。ここで二人目を妊娠。翌年も4年担任をし，ここで産休と続けて育児休暇を取得。その間に，勤務校が廃校になり，復帰と共に学校を異動。しかも，上の子の小学校入学と，私の10年次研修が重なり，てんやわんや。3年担任→翌年，図工科の研究発表会の授業者として2年担任→5年→6年→3年（研究主任となる）→5年→4年（学年主任となる）→6年→6年→1年→6年。

　中には，学級崩壊の立て直しであったり，県指定の模擬授業の授業者だったり，特別な事情が含まれた年もありました。

また，我が子が6年生のときは，やはり卒業式には出てあげたかったので，その希望を管理職には打ち明けました。希望が通らない場合もあるけれども，言っておかないと後悔すると感じたので，率直に家庭の事情は話しました。
　結婚するまでに，高学年を担任し，特活部長も経験しましたが，結婚や出産があった頃は，低学年担任であることが多かったです。復帰後は，高学年担任の連続で，研究主任やそれに付随する研究授業発表は，毎年のように行っています。仕事は後からいくらでもできる，その証明にはなりませんか？

ちょっぴりミドル世代のお悩み

Q5 育児休暇を３年もとったら復帰してから仕事ができないのではと不安です。

大丈夫。母としての感覚があなたを大きくしています。

A5

🌿 母の代わりは誰にもできない

「子どもが小さいときは今しかない。」

母の鶴の一声で、足かけ３年の育児休暇を決めました。１年たってから延長というのもできるのですが、潔く、３年取得をはじめから申し出ました。その方が、私の裏に入る臨時講師の人も、見通しを立てて仕事ができると考えたからです。

ただ、私の世代は、採用人数も少なく、３年育児休暇も始まったばかりで、実は、３年休暇をとることに、疑問を持たれる方もいたようです。でも、我が子には変えられません。それに、後の人のことを考えても、１年後に延長しますではなく、始めから３年とると申し出ている方が周りの迷惑になりにくいと思ったのですが、その辺りの真意は伝わらず、批判があったのかもしれません（でもいいんです。大切な我が子に恵まれたのですから）。

🌿 いろんな立場の経験は、あなたの世界を広げます

いわば、専業主婦の経験で、育児ノイローゼになる人の気持ちも、お家で我が子を待つ母親の不安な気持ちも、ちょっぴりわかるようになりました。赤ちゃんは熱を出すものです。そうやって免疫がついていきます。しかし、あまりに熱を出す我が子に、「私の世話の仕方が悪いと周りに思われるかも」なんて感じてしまうこともありました。大雑把な私が、こんな気持ちになるのです。繊細な女性ならなおさらだと感じました。

足かけ３年の育児休暇のときに、上の子は幼稚園に入りました。初めての

集団生活に，慣れないことがあるのは当たり前。なのに，我が子が泣いて帰ってくると，翌日は心配で心配で。保護者にとって，学校の生活はこんなに見えないんだ，と感じました。

我が子の成長は，何にも勝る幸せ

初めて座った，歩いた，しゃべった，友達ができた，お遊戯をがんばった……たくさんの我が子の成長を通して感じる何にも勝るこの幸せを，親として感じられることに感謝しました。自分の命よりも大切なものができた母は，強くたくましくなります。

新たな感覚を得た自分と若い頃の経験の貯金があなたを支え，新たなステージへとひき上げてくれます。

ちょっぴりミドル世代のお悩み

Q6 年上の先生方からどう見られているか気になります。経験年数の割に，仕事ができない自分がふがいないです。

> 気にしない，気にしない。年上の先生がどう見ているかなんて，考えても仕方ないことに時間を使わないで。 **A6**

※ 年上の先生からお給料を頂いているわけではありません

「自分のことばかりを優先してしまっている気がして，自分に罪悪感を覚える。」とか，「周りに迷惑ばかりかけているように思う。」等という若手の声を耳にします。周囲に対して細やかな気遣いができるからこそ，その評価が気になることも多くなるのでしょう。

仕事ができるって，いったいどういうことでしょうか。その根本を捉えてみましょう。何事も早くそつなくできる仕事なんて，本当の仕事の部分ではありません。丸つけや書類作成ばかりが仕事ではないのです。いわばそれは，ルーティンの部分。日々，単調に繰り返すノルマの部分です。私が言う「仕事」とは，その本質です。「子どもに真摯に向き合うこと，教育への情熱」です。だから，今，自分が目の前の子どもにできることを精一杯やっているかどうかが仕事の善し悪しです。表面上のそつなくこなしているような部分は，いらないのです。たとえうまくいっているように見える授業でも，そこに教師の思いがなければ，悪しき授業と私は思います。

今，自分が思うことを精一杯やっているかどうかでいいではありませんか。
そのモチベーションと人となりが，教育そのものです。周りの評価は気にしない，気にしない。

※ 経験年数と仕事量は正比例ではありません

経験年数を積むと，ある程度，年間の流れなどがわかるようになり，見通しが立つようになります。あたかも，仕事ができるような錯覚に陥ることも

あります。子どもや保護者との関係もスムーズにいくようになり，教師として十分な力量を蓄えているかのように感じることもあることでしょう。2年目より5年目，5年目より10年目，正比例するかのように，仕事ができるようになるイメージがありませんか？

そんな一朝一夕にいかないのが本物の「仕事」部分。丸つけなどルーティンの仕事は，スピードもあがるでしょうから，まるで，正比例のように仕事量も上がっていくと思うかもしれません。

でも教師は授業で勝負。授業の力量は，徐々に養われるものではありません。いつまでたってもうまくいかない，もっとしてあげられることがあったはず，そんな反省の毎日です。同じ学年を受け持っても，子どもが変わるわけですから，その子たちに応じた授業づくりをする必要があります。毎年，悩み，もがき，授業づくりをしていくわけです。授業づくり，学級づくりは正比例で力量が上がるわけではないのです。

ですが，悩みながら精一杯邁進した経験が積み重なり，あるとき，世界が開くような瞬間があります。「私が求めていた授業はこれだ」，そんな瞬間に出会えることがあります。それは，正比例的なグラフの延長ではなく，折れ線グラフのように，紆余曲折を繰り返し，ふっと開くのです。

とはいえ，そんな瞬間を経験したからといって，楽に仕事ができるようになるわけではありません。よりよい教師を目指し，そこからまた，2割3割増しの授業を求めるようになるのですから，常に，悩みもがくわけです。

「新しいことにチャレンジしなくなったら，子どもの前に立てない。」定年退職の年に，尊敬する先輩先生がおっしゃっていた言葉です。これぞ，仕事人です。あなたの評価のためではなく，目の前の子どもたちのために，仕事をしましょう。

ちょっぴりミドル世代のお悩み

Q7 子育て真っ最中で，勤務時間を超えて働いていますが，遅くまで働いている先生も多いです。上に立つ立場でありながら，若い先生たちより早く帰る毎日に気を遣います。

A7 家庭と仕事のバランスをとることは大事。時間的な線はひく。しかし，教育への思いを共有しておけば，若い先生たちも心のよりどころができます。

ワークライフバランス

　文字通り，仕事と生活のバランスをとることです。仕事に比重がかかりすぎて，自分の生活に支障をきたし，心と体のバランスがとれなくなって，仕事を辞めてしまうということを耳にします。仕事とプライベートが密接に絡み合うのが人生です。子育て真っ最中は，我が子を第一に考えて当然です。保育園のお迎え，子どもが熱を出してそばにいてあげたい，塾や習い事の送迎など，いつまでたっても，子育てに暇はありません。仕事に際限がないのが，教師の仕事。ならば，優先順位をつけて，時間的に線をひかないと，バランスが保てなくなります。

時間的にそばにいなくても，気持ちがそばにいることが大事

　若い先生方が一番しんどいのは，人間関係で，周囲と理解し合えないときです。時間的にそばにいられなくても，気持ちとして，そばにいてくれる上司がいてくれれば，がんばれるものです。同じ学年の担任として，こんな子どもに育てようと普段から話し，共有しておくことは，若手のやる気を支えることでしょう。

　悩みを分かち合うことも大事です。だからこそ，放課後は必ず職員室に降りてこよう，を合い言葉にしています。学年の打ち合わせ，会議などと言わなくても，自然と雑談の中で，悩みを共有したり，児童理解を深めたりでき

るものです。段取りを共有するのではなく，それはもちろん必要なことですが，打ち合わせの部分を共有するだけではなく，思いの部分を共有することが，若い先生方には心の支えとなります。

スマホ・携帯電話は，強い味方

それでも時間が足りないときは，携帯電話，今はスマホを使って段取りの確認を行うことができます。SNSは，グループで一斉に話す機能がついていますし，メールも複数に送信できる機能がついています。放課後，話せなかったことは，家から発信し，確認できます。

仕事ばかりの若者に警鐘を鳴らそう

「20代に悔いはない」と私が言うと，大笑いされるのですが，本心です。仕事も悩みながら，周りの人に聞きながら，必死にやった20代。足りないことだらけですが（今もですが），何もかも楽しかったのです。そして休みは，同僚や大学時代の友達と，しっかり遊びました。飲み会（今もですが），海外旅行など，休めるときに休みをとり，楽しみました。

20代後半で結婚し，出産しましたが，一生懸命やった仕事も，思いっきり楽しんだ休暇も，経験の貯金となっています。自分のために時間とお金が使えるときに，自分のために注ぐことは，心の充足です。仕事もプライベートもどちらも「今楽しめること」を楽しむことがとっても大事です。

とても真面目な最近の若者たち。目上の教師が，そのような姿勢を促すことも必要かもしれません。プライベートを大事にするのは当たり前のこと。かといって，仕事をさぼっているわけではありません。そんな生き様を見せてあげることも，先輩の役目かもしれませんね。

ちょっぴりミドル世代のお悩み

Q8 年下への仕事の振り方や内容に気を遣います。「〜してみる？」と聞いて，困った顔をされたら，どんな声かけをしたらいいですか？

A8 心を閉ざしている人なら，それなりの対応でよし。心が開くまで待ち，こちらに心を開いたときに，押すようにします。

❀ 年齢の近い後輩をどう教育したらよいか

「主任になり，仕事を上手に割り振ることが難しいです。」

ちょっぴりミドル組，お姉さん先生方の悩みは，年齢の近い後輩をいかに動かすかという悩みのようです。年下とはいえ，自分と10歳もかわらない若手を，どのように導いたらよいのかと悩むようです。同じ目線でしか物事を捉えられないし，そもそも自分に自信がまだまだもてないのに，人の上に立って指導なんてできない，という思いが駆けめぐることもあるかもしれません。

後輩のためと思って，仕事を振ってみたものの，素直に「ありがとうございます！　がんばります！」という後輩ばかりではなく，困った顔をされることもあります。ならば，自分でやる方が早い。でもその後輩のためにはならないし，どのように導いてあげたらいいのか悩む……という心優しいお姉さん先生たち，その悩みにお答えしましょう。

❀ 自分でやっちゃった方がいい

心遣いができる人だからこそ，相手の表情の動きや心情を読み取れてしまって，気苦労も増えるのが，お姉さん先生方でしょう。困った顔を感じなければ，バンバン仕事も振っていけるわけですから，細やかな心配りができるからこその悩みです。まずは，そんな自分に自信をもってください。人の思いがわかる人であるあなたは，先輩として自信をもってアドバイスできる人格をもっています。そんなあなたが，仕事を振って，困った顔をした後輩の

人となりや仕事の仕方を判断して，これ以上無理に勧めても，後がしんどいと思うなら，自分でやってしまったほうがいいです。背中を見せると割り切りましょう。

1年かけて，教師人生を拓く

　そんな後輩とはいえ，ちょっとした責任ある仕事を任せるという分担も必要でしょう。と，同時に，一年をかけて，自身の教育観を語りつつ，子どもへの思いを共有しながら，心を開くのを待ち続けます。後輩へのアドバイスがしにくいと感じるなら，「私」を主語にした「Iメッセージ」をシャワーのように浴びせていきます。「私は，こんな風に思って，授業をつくっている。」「私は，こんなことに悩んでいる。」「私は，こんな意図をもって，この掲示物を貼っている。」それが，後輩の心を開くきっかけになることを願いつつ，自分から手の内を見せ，メッセージを発信していきます。

　自分を語っていくと，相手も自分を語るようになってくれる後輩がほとんどです。しかし，中には，自分のことを語らない子もいます。多くを感じていないのかもしれません。それでも，きっとどこかに残っているはずです。ずっと先のある瞬間に，その後輩の教師人生を開く鍵となるかもしれません。

　後輩に対しても，自分のできることをするのみです。マイナスの感情に翻弄されず，発信の仕方は，ベテランの先生方とは違っても，常に発信者でいましょう。受信しているかどうかは，その人次第です。

COLUMN

私がしたこんな失敗④
我が子に懺悔

実は，お迎えを忘れていました

　我が子の保育園のお迎えを，おばあちゃんが行ってくれる曜日と，私が行く曜日とがありました。5年生を受け持っているとき，宿泊行事（兵庫県は4泊5日）があり，その準備や打ち合わせに忙しい日でした。学校を出ようと，下駄箱で靴を履き替えたそのとき，
　（あれ，私，何か忘れているような……）
　あ‼　お迎え，忘れてた‼
　すでに，40分ほどお迎えの時間を過ぎています。すぐ近くの保育園だったので，慌てて迎えに行くと延長保育の子たちと一緒に過ごしていた我が子の姿がありました。保育園の先生に平謝りです。
　「小学校の先生って，いろいろありますものね。大変ですもの。」
との優しい言葉に，忘れていたとは言えなかった私でした（そして我が子にも言えなかった……ここで懺悔しておきます）。
　ちなみに，2回目は，保育園の先生から「次からは，延長料金を頂きます。」と言われました。はい，1度ではなく，2度，忘れました。ごめんなさい。

塾のお迎えで

　中学に入ると，塾に通うようになったので，夜の10時や10時半にお迎えに行かないといけません。我が家は，携帯電話をもたせていませんでした。子どもにとっては不便だったと思います。友達は，親への連絡を携帯電話でし

たりしていましたから。うちは携帯がありませんから，送っていくときに，何時に迎えに行くかを打ち合わせしていました。
　ところが，私も毎日，クタクタです。10時過ぎの塾終了まで，1時間。ちょっとテレビを見ながら，くつろごうかなとリビングでウトウト。出ました，私のうたた寝のくせ……。
　電話の音で目が覚めます。出ると，
　「お母さん，塾終わって，待ってるんだけど……。」
　不安そうな我が子の声が。塾の電話を借りた我が子からの電話でした。「ごめん！」車を飛ばして，迎えに行きました（と言っても，1度や2度ではなく……。何度もあったもので，あきらめムードになっておりました。ママ友が，「一緒に連れて帰るよ〜。」って，連れて帰ってきてくれたこともしばしば。ありがたやー）。
　ちなみに，下の子には，携帯電話ではなく，テレフォンカードをもたせました。「『それ何？』って友達に聞かれた。」とのこと。スマホをもっている友達に，「高級やなあ。」と言われたとも。大笑いでした。

　子どもをもつととっても忙しいけれど，我が子の成長もうれしいことにプラスされ，悩みを分かち合ったり，助けてくれたりするママ友とも出会え，幸せは，倍増です。我が子の友達の成長も，喜びと感じ，幸せをいただいています。

こんな母なのに，素敵に大きくなってくれてありがとう。
みなさん，ご迷惑をおかけして，ごめんなさい。

おわりに

　春休みのある日，出勤すると机上に可愛いお菓子とお手紙がおかれていました。中を開けてびっくり。私が新任のとき，24年前，遠く離れた淡路島で受け持った子が，私の勤務校をネットで探し，会いにきてくれていたらしいのです。自分の赤ちゃんも連れて。残念ながら会えなかったのですが，その手紙の内容に，涙が溢れました。

　「吉川先生（私の旧姓）は私たちに正面から，子どもではなく人として接してくださったことを今でも覚えています。」
　「人のあたたかさを常に感じていました。」
　子どもをもって，感じられることも増え，10年前から無性に会いたくて，探してくれていたというのです。
　新任で，3年生の1年間を受け持っただけで，授業もなにもめちゃくちゃだったと思うのに。

　子どもは周りの大人が見ているように，そのフィルターを通すようにして世界を見ます。学校の中では，社会ではどうやって人とつながるのかを感じます。あなたが教師という立場でのみつながろうとしているのか，人としてつながろうとしているのか，言語化はされないけど，感じ取っているのです。教師同士がどんな風につながっているのかも見ています。「僕たちのことを一丸となって愛してくれている。」，そんな風に感じるときに子どもの心は動き，自分も愛を与えようと，よりよい自分になろうと変わっていくのです。または，今は心が動いていないように見えても，いつか心動く芽を出す種となるのです。

　悩み多き若手の先生方，自信をもってください。あなたが悩むこと，それは愛です。それだけで何かを子どもから感じ進もうとしているのですから。

この手紙を職員室で読んで泣いていると，寄ってきてくれる後輩たちがいました。重ねて嬉しかったのは，周りの後輩たちにお手紙を見せると一緒に泣いてくれたことでした。そんなふうに感じてくれる後輩を，とてもうれしく思いました。
　「ね？　経験年数でも授業の技術でもない。心なんだよ。今，一生懸命やっていることはいつ芽になるかわからないけど，きっと届いてるよ。」
　そんな言葉に，後輩たちも涙していました（ありがとう）。

　この本は，女性へのメッセージが多く書かれていますが，そのエッセンスは，もちろん男性教師にも同じく持ってほしいものですし，男女問わず，若手のみなさん，そして，がんばろうと邁進する先生に届ける本です。

　子どもは，あなたの魂を感じています。
　だから，あなたがいいと思うことをやったらいい。
　あなたのよりよく生きようとする上向きのモチベーションが，そのまま子どもに届きます。

　もし，しんどくて，うちひしがれて，倒れそうになったら，少し立ち止まって，この本を開いてください。あなたを応援する声がここに詰まっています。あなたの近くにある愛も再確認できるはずです。
　大丈夫。おいしいものを食べて，大切な人を大事にして，自分のよさを大事にしたら，また進めます。

　さあ，今日も新しい扉を開けましょう。常に心をフラットにして，子ども

に向き合いましょう。

「明日はどんな授業をしようかな。今，子どもに注ぐべき思いの種を，どんな風に授業に込めようかな。子どもの笑顔を思うと自分自身も笑顔になる。子どもの反抗も，暗い顔が想像されても，自分自身は笑顔でいよう。子どもの笑顔のために。」

最後に，この本を出版するにあたり，関西学院初等部の木下幸夫先生，そして編集の林知里様に多大なるご尽力を賜りましたことを，この場を借りて厚く御礼申し上げます。

　　　　　　　　　　　　　　　　　　　　　　　　　　　松井恵子

【著者紹介】

松井　恵子（まつい　けいこ）

1970年兵庫県生まれ。兵庫県公立小学校勤務。兵庫県授業改善促進のためのＤＶＤ授業において算数科の授業を担当。平成27年度兵庫県優秀教職員表彰受賞。算数実践全国発表，セミナー講師，視聴覚教材コンクール特選受賞等，情熱で実践を積み上げるママさん研究主任を経て，現在はママさん管理職。
共著『ゼロから学べる小学校算数科授業づくり』
教育雑誌『授業力＆学級経営力』『道徳教育』など
（いずれも明治図書）

［本文イラスト］木村美穂

#仕事もプライベートもあきらめない！
女性教師の「働き方」

2019年3月初版第1刷刊	©著　者　松　井　恵　子
2020年4月初版第2刷刊	
	発行者　藤　原　光　政
	発行所　明治図書出版株式会社
	http://www.meijitosho.co.jp
	（企画）林　知里（校正）杉浦佐和子
	〒114-0023　東京都北区滝野川7-46-1
	振替00160-5-151318　電話03(5907)6703
	ご注文窓口　電話03(5907)6668
＊検印省略	組版所　広　研　印　刷　株　式　会　社

本書の無断コピーは，著作権・出版権にふれます。ご注意ください。

Printed in Japan　　　　　　ISBN978-4-18-225323-2
もれなくクーポンがもらえる！読者アンケートはこちらから →

クラスのつながりを強くする！

学級レク＆アイスブレイク事典

弥延浩史 著

学級経営サポートBOOKS

図書番号2139・A5判・144頁・1800円+税

レクには絶大な力がある！

- 「子どもたちを動かす」ことや「指示を通す」といった基本的なスキルを身に付けることができます。

- 活動内で起きるトラブルを子どもたち自身が解決しようと考えるようになります。

- クラス内のつながりがひろがり、自分から関係をつくることができる子が増えます。

- 楽しいレクで笑顔のあふれる学級には、問題に立ち向かうパワーがあります。

目的に応じてチョイスできる 楽しい活動を60収録！

学級経営サポートBOOKS

クラスのつながりを強くする！
学級レク＆
アイスブレイク事典

仲間との関わりを通して笑顔のあふれる学級をつくろう！

弥延浩史 著

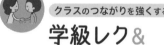

明治図書

明治図書　携帯・スマートフォンからは **明治図書ONLINEへ** 書籍の検索、注文ができます。▶▶▶

http://www.meijitosho.co.jp　＊併記4桁の図書番号（英数字）でHP、携帯での検索・注文が簡単に行えます。

〒114-0023　東京都北区滝野川7-46-1　ご注文窓口　TEL 03-5907-6668　FAX 050-3156-2790

一日3分でかしこいクラスづくり

朝の会・帰りの会＆授業でそのまま使える！

子どもたちに伝えたいお話 75選

佐藤 正寿 著

明日はどうして休日なの？ 冬至ってなあに？ 日々何気なく過ごしている休日・記念日や伝統行事等の意味を子どもに語ろう！ すべてのお話を見開きページにコンパクトにまとめ、ちょっとした時間に読み聞かせができる、先生のためのお話集。

四六判・176頁・本体価1,660円＋税　図書番号：2218

明治図書　携帯・スマートフォンからは **明治図書 ONLINE へ**　書籍の検索、注文ができます。▶▶▶

http://www.meijitosho.co.jp　＊併記4桁の図書番号（英数字）でHP、携帯での検索・注文が簡単に行えます。

〒114-0023　東京都北区滝野川7-46-1　ご注文窓口　TEL 03-5907-6668　FAX 050-3156-2790

大好評！ゼロから学べるシリーズ

ゼロから学べる小学校国語科授業づくり

四六判・176頁・本体1,900円＋税【2334】　　青木伸生 著

教師が子どもに答えを与えるスタイルから、子どもが目的に応じて答えを導き、創り出すスタイルへと授業が転換していく今、国語科ではどんな授業をすべきなのか？　自立した学び手を育てるため、また学び合いのできる子どもを育てるための第一歩がここに。

ゼロから学べる小学校算数科授業づくり

四六判・176頁・本体1,800円＋税【2101】　　久保田健祐 編著

考える楽しさ・教える楽しさを実感できる算数の授業づくりを実現するはじめの第一歩から、様々な実践をもとにした具体的な手立て、学習方法のテクニックなどを事例に基づいて紹介。算数好きの執筆陣が、算数好きになりたいと考える先生へ贈る、算数授業づくりの入門書。

ゼロから学べる小学校社会科授業づくり

四六判・176頁・本体1,800円＋税【2221】　　吉水裕也 監修　　佐藤正寿・長瀬拓也 編著

社会科は世の中を生きぬくための知恵を育む教科である―単なる暗記科目ではなく、多くの人やモノとの出会いを通じて社会に関心をもち、参画する子を育てるために、社会科授業はどう教えたらよいのか。子どもはもちろん、先生も社会科好きにする、授業づくりの入門書。

ゼロから学べる小学校図画工作授業づくり

四六判・176頁・本体1,800円＋税【2102】　　大橋功 監修　　西尾環・森實祐里 編著

図画工作科を制する者は学級を制する！うまくいっている図画工作の授業には、児童を理解する大きな手がかりがあります。図工が好きな子供たちを育てるとともに、図工室の準備や材料集めのポイント、実際の指導アイデアなど、図画工作科の全体像と要所が分かる入門書。

明治図書　携帯・スマートフォンからは　明治図書ONLINEへ　書籍の検索、注文ができます。　▶▶▶
http://www.meijitosho.co.jp　＊併記4桁の図書番号（英数字）でHP、携帯での検索・注文が簡単に行えます。
〒114-0023　東京都北区滝野川7-46-1　ご注文窓口　TEL 03-5907-6668　FAX 050-3156-2790

＊価格は全て本体価格表示です。